하나님의 속성을
경험함

네비게이토 선교회는
국제적이며 복음적인 기독교 기관이다.
예수 그리스도께서는 자기를 따르는 자들에게
"너희는 가서 모든 족속으로 제자를 삼으라"
(마태복음 28:19)는 지상사명을 주셨다.
네비게이토 선교회는 세계 모든 국가에서
예수 그리스도의 일꾼들을 배가시켜
이 지상사명을 성취하는 일을 돕는 것을
근본 목표로 하고 있다.

네비게이토 출판사는
네비게이토 선교회의 문서 선교를 담당하고 있다.
본 출판사에서는 그리스도인의 영적 성장을 돕는
서적과 자료들을 출판하여,
그리스도인의 삶의 기초가 견고한
헌신된 제자로 성장하고,
나아가 성숙한 인격과 지도력을 갖춘
일꾼이 되도록 돕고 있다.

Translated by permission
Title originally published in English as
EXPERIENCING GOD'S ATTRIBUTES
by NavPress, a ministry of The Navigators.

하나님의 속성을
경험함

Experiencing God's Attributes

마이어즈 부부 지음
Warren & Ruth Myers

TO KNOW CHRIST AND TO MAKE HIM KNOWN

목 차

시작하면서 7

단원 1을 위한 성경공부 지침 13

단원 2를 위한 성경공부 지침 19

1. 광대하심과 위엄 29
2. 아름다우심 35
3. 자신을 알려 주심 41
4. 능력과 권세 47
5. 사랑과 긍휼 53
6. 거룩하심과 완전하심 59
7. 용서 65
8. 선하심과 후히 주심 71
9. 절대주권 77
10. 은혜와 자비 83
11. 신실(성실)하심 89
12. 존귀와 영광 95
13. 복습 101

다음 공부를 위한 제안 107

참고 도서 109

저자 소개 111

시작하면서

'하나님에 대한 나의 지식은 얼마나 정확한가? 실제로 하나님을 얼마나 잘 알고 있는가? 하나님에 대한 나의 생각은 얼마나 사실에 근거한 것인가?…' 솔직하게 자신을 평가해 보십시오. 하나님을 더 잘 알아야 하지 않겠습니까?

하나님을 올바로 알 때라야 이 세상을 올바로 살아갈 수 있습니다. 하나님께서는 모든 존재의 근원이시기 때문입니다. 하나님만이 우리가 의지할 굳건한 반석이시며, 영원한 안식처이시며, 진정으로 추구해야 할 목표이시며, 삶에 끊임없이 힘을 공급하는 능력의 원천이십니다. 이 세상 모든 것을 '하나님이 어떤 분이신가' 하는 관점에서 바라볼 때, 우리는 우리 자신이나 다른 사람들, 그리고 인생 자체에 대해 올바른 관점을 갖게 됩니다. 그렇기에 하나님을 잘 아는 것이 우리에게 참으로 필요합니다.

하나님께서는 자신을 우리에게 나타내 보여 주기를 간절히 원하시며, 실제 여러 가지 방법으로 나타내 보여 주고 계십니다. 하늘이 하나님의 영광을 선포하며 궁창이 그 손으로 하신 일을 나타냅니다(시편 19:1). 그래서 우리는 아름다운 저녁놀을 보면서 하나님의 위대하심을 느낄 수 있는 것입니다. 또한, 하나님을 아는 사람들은 하나님의 아름다움을 발산합니다. 그들은 하나님과 생명력 넘치는 교제 가운데 살아가면서 하나님을 닮아 가고 우리에게 하나님의 사랑을 전하는 통로가 되어 줍니다. 그들과 어울려 살면서 우리는 그들에게서 하나님의 따뜻한 손길을 느낄 수 있습니다.

그러나 하나님을 올바로 깊이 알기 위해서는 무엇보다도, 감춰진 보배를 찾는 마음으로 하나님의 말씀인 성경으로 나아가야 합니다. "은을 구하는 것같이 그것을 구하며, 감추인 보배를 찾는 것같이 그것을 찾으면, 여호와 경외하기를 깨달으며 하나님을 알게 되리니"(잠언 2:4-5). 성경 말씀을 통해 하나님께서는 자신을 가장 분명하게 나타내 보여 주십니다. 성경 말씀을 통해 하나님께서는 자신의 생각을 알려 주십니다. 하나님의 생각은 하늘이 땅보다 높음같이 우리 생각보다 높으십니다(이사야 55:8-9 참조). 하나님께서는 우리의 생각으로는 도저히 '측량할 수도 찾을 수도 없는'(로마서 11:33 참조) 그분의 생각을 인간의 언어를 빌어 나타내셔서, 우리로 하여금 그 말씀들을 읽고 이해할 수 있게 하셨고, 이를 통해, 비록 제한적이긴 하지만, 무한하신 하나님을 올바로 알 수 있도록 하셨습니다.

성경 속에서 하나님께서는 자신의 모습을 우리에게 나타내 보여 주셨습니다. 영광의 하나님께서 지혜와 계시의 정신을 우리에게 주사 하나님을 알게 하여 달라고 간절히 기도하는 가운데(에베소서 1:17 참조), 감춰진 보배를 찾는 것같이 하나님을 찾으십시오. 그럴 때 우리는 하나님의 속성을 직접 언급하는 구절뿐 아니라 성경의 모든 페이지에서 하나님을 보게 될 것입니다. 성경에 있는 이야기와 사건들은 사람들의 삶에 개입하셔서 함께하시며 그들의 필요를 채워 주시는 하나님을 보여 줍니다. 하나님의 명령과 계명들은 하나님이 우리에게 원하시는 것이 무엇인지를 알려 줍니다. 하나님의 약속들은 하나님이 우리를 위하여 해주기 원하시는 것이 무엇인지를 말해 줍니다. 복음서에서 우리는 예수님을 바라봄으로써 하나님 아버지의 성품을 보게 됩니다. 또한 수많은 예언들은 하나님의 영원하신 계획과 최후 승리를 보여 줍니다.

그러나 단지 하나님에 관한 지식을 더하는 것이 하나님을 아는 것은 아닙니다. 하나님을 알기 위해서는 날마다 하나님을 예배하고 의뢰하며 순종하는 가운데 그분을 경험해 나가야 합니다. 곧, 순간순간 우리의 모든 필요를 채워 주시는 공급의 원천이 되시는 하나님을 경험해 가야 하는 것입니다. "오직 자기의 하나님을 아는 백성은 강하여 용맹을 발하리라"(다니엘 11:32).

하나님을 올바로 아는 것은 효과적으로 하나님을 섬기며 열매 맺는 삶을 살 수 있는 견고한 기초가 됩니다. 삶의 기초를 우리의 생각과 감정, 능력이나, 다른 사람의 평가, 또는 사탄의 거짓말에 둘 때, 우리는 갈등과 실망으로 초조하고 불안한 삶을 살게 됩니다. 하나님보다 자신의 영광을 구하는 자기중심의 삶을 추구하기도 합니다. 그러나 얼마 못 가서, 결국 인간적 한계에 부딪히고 공허감을 느끼며 더 큰 좌절을 맛볼 뿐입니다. 하나님이 어떤 분이신가를 분명하고 확실하게 알고 그것을 삶의 기초로 삼을 때라야, 우리는 삶에서 풍성함과 안정과 기쁨과 승리를 누릴 수 있게 됩니다. 하나님께서는 이 두 종류의 삶을 다음과 같이 생생하게 대비시키십니다.

> 나 여호와가 이같이 말하노라. 무릇 사람을 믿으며 혈육으로 그 권력을 삼고 마음이 여호와에게서 떠난 그 사람은 저주를 받을 것이라. 그는 사막의 떨기나무 같아서 좋은 일의 오는 것을 보지 못하고 광야 간조(乾燥)한 곳, 건건한 땅, 사람이 거하지 않는 땅에 거하리라.
>
> 그러나 무릇 여호와를 의지하며 여호와를 의뢰하는 그 사람은 복을 받을 것이라. 그는 물가에 심기운 나무가 그 뿌리를 강변에 뻗치고 더위가 올지라도 두려워 아니하며 그 잎이 청청하며 가무는 해에도 걱정이 없고 결실이 그치지 아니함 같으리라.
>
> – 예레미야 17:5-8

어쩌다 한 번씩 성경을 들춰 보는 것으로는 이같이 지속적으로 하나님을 의뢰하는 삶의 축복을 누릴 수가 없습니다. 하나님을 더 깊이 알고자 갈망하는 가운데 전심으로 그분의 말씀에 드려져야 합니다. 다른 어떤 것보다 하나님을 알아 가는 것을 가장 중요하게 여기고 힘썼던 모세와 다윗과 바울(출애굽기 33:13,18, 시편 27:4, 빌립보서 3:10)과 같은 믿음의 사람들을 본받아, 우리도 하나님을 알아 가기를 힘쓰는 삶의 가치를 알고 끊임없이 추구해 나가야 합니다.

이러한 삶을 추구해 나가는 데 있어 또한 중요한 것은, 이미 알고 있는 만큼 매일 매순간 전적으로 하나님을 의뢰하는 것입니다. 하나님을 의뢰하는 삶을 살기 위해서 하나님을 잘 알 때까지 기다려야 되는 것은 아닙니다. 그러나 하나님을 의뢰하는 삶은 하나님을 아는 지식을 기반으로 합니다. 하나님을 더 잘 알수록 하나님을 더 깊이, 그리고 변함없이 의뢰할 수 있습니다.

성경 말씀에 나타난 하나님의 여러 가지 속성을 묵상하노라면 우리는 놀라움을 금치 못하게 됩니다. 하나님께서는 우리가 보기에 서로 공존할 수 없을 것 같은 속성들을 함께 가지고 계십니다. 무한한 능력과 권세를 가지고 계시면서도 또한 한없이 온유하십니다. 그 누구도 가까이 가지 못할 영광 가운데 계시면서도 긍휼과 자비가 무궁하십니다. 추상같은 공의의 하나님이시면서 동시에 우리를 무조건적으로 사랑하시고 끝없이 용서하시는 분이십니다. 우리가 흠집투성이의 불완전한 존재라는 사실을 잘 알고 계시면서도 우리를 향한 하나님의 거룩하신 사랑은 다함이 없으십니다.

이 성경공부를 통해 우리는 하나님의 놀라운 속성들에 대해 살펴보고, 그 교훈을 자신의 삶에 적용하게 될 것입니다. 이 속성들에 대해 공부하고 묵상하는 시간을 가짐으로써 우리는 하나님을 더 견고하게 의지하며, 하나님을 더 온전하게 예배하며, 하나님에 대해 다른 사람들에게 더 자유롭게 나눌 수 있게 될 것입니다.

공부를 해나갈 때, 두 가지 극단을 피하도록 하십시오. 하나는 지나친 지식적 접근이요, 하나는 피상적인 경험적 접근입니다. 둘 다 경계하기 바랍니다. 하나님에 대한 올바른 지식은 아주 중요하지만 삶에서 하나님을 경험하는 것은 없이 단지 지식만 쌓는 공부가 되어서는 안 됩니다. 또한, 하나님에 대한 올바른 지식은 없이 황홀한 종교적 경험에 지나치게 사로잡혀 그것만 추구하는 것도 바람직하지 못합니다. 하나님을 올바로 안다는 것은 우리의 전인격(全人格)으로, 즉 지(知), 정(情), 의(意)를 전부 동원하여 하나님을 경험하는 것을 의미합니다. 머리와 가슴과 삶으로 아는 것입니다. 사도 바울이 골로새 교회에 쓴 것이 바로 이것입니다. "내가 간절히 원하는 바는, 여러분이 점점 더 정확하고 확실하게 하나님을 알게 되는 것입니다. 여러분의 영적 경험이 더욱 풍부해져서, 하나님의 크신 비밀이신 그리스도를 더욱더 온전히 보게 되기를 바랍니다! 이는 그분 안에서, 오직 그분 안에서만, 인간은 지혜와 지식의 모든 보화를 발견할 수 있기 때문입니다" (골로새서 2:2-3, 필립스 역). 어찌 이보다 못한 것으로 만족하겠습니까?

하나님이여, 주는 나의 하나님이시라.
내가 간절히 주를 찾되
물이 없어 마르고 곤핍한 땅에서
내 영혼이 주를 갈망하며
내 육체가 주를 앙모하나이다.
내가 주의 권능과 영광을 보려 하여
이와 같이 성소에서 주를 바라보았나이다.
주의 인자가 생명보다 나으므로
내 입술이 주를 찬양할 것이라.

- 시편 63:1-3

나의 확고한 목표는 내가 그리스도를 알려 하는 것입니다. 즉, 그분과 점점 더 깊고 친밀하게 아는 사이가 되어, 더욱 강하고 더욱 분명하게 그분의 기이한 것들을 지각하고 인지하고 이해하는 것입니다.

- 빌립보서 3:10(AMP 역)

오 주님, 내 영혼이 주님의 선하심을 맛보고 심히 만족하나이다. 하오나 주님의 선하심을 맛보면 맛볼수록 내 영혼이 더욱더 주님을 목말라 하나이다. 내게는 더욱 크신 은혜가 필요함을 뼈저리게 느끼나이다. 주님을 간절히 찾는 마음이 부족함을 부끄럽게 여기나이다. 오 하나님, 삼위일체 하나님이시여, 주님을 사모하는 마음을 내게 더하옵소서. 내 영혼이 주님을 향한 갈급함으로 헐떡이며, 내 심령이 주님을 향한 목마름으로 애타게 하옵소서. 구하옵나니, 내게 주님의 영광을 보이사 참으로 주님을 알게 하옵소서. 긍휼로써 내 안에 새로운 사랑의 역사를 시작하옵소서. 내 영혼에게 이르소서. "나의 사랑, 나의 어여쁜 자야, 일어나서 함께 가자." 내게 은혜를 더하사, 안개 가득한 이 오랜 방황의 땅을 박차고 일어나 주님을 따르게 하옵소서. 예수님 이름으로 기도하옵나이다. 아멘.

- A. W. 토저[1]

이 공부의 목적은 하나님에 대한 교리를 철저하게 탐구하고자 하는 것이 아닙니다. 하나님의 속성들에 초점을 맞추어 공부하고 묵상함으로써 영적으로 부요함을 누리고자 하는 데 그 목적이 있습니다. 하나님에 대한 진리의 또 다른 측면들에 대해서는 '하나님을 경험함' 시리즈의 다른 편에서 다루게 될 것입니다.

---

1. A. W. Tozer, *The Pursuit of God* (Harrisburg, Penn.: Christian Publications, Inc., 1948), p. 20.

단원 1을 위한 성경공부 지침

이 성경공부 시리즈는 새로운 방법으로 성경 말씀을 공부하고 이해하며, 나아가 공부를 통해 발견한 진리를 삶 가운데 적용할 수 있도록 돕고자 하는 목적에서 만든 것입니다. 하나님의 속성에 대하여 각 주제마다 두 단원으로 나누어 공부하는데, 단원 1에서는 하나님의 속성을 여러 각도에서 살펴보며, 단원 2에서는 그 속성을 보다 깊이 있게 다룹니다. 단원 2는 단원 1의 내용을 보완하는 것으로 필요에 따라 할 수도 있고 하지 않을 수도 있습니다.

하나님의 속성에 관한 이 진리들을 깨닫고 적용하기 위해서는 시간을 내어 성경 구절들을 가지고 묵상하며 기도해야 합니다. 기대하는 마음으로 공부에 임하십시오. 그리고 성령께서 하나님을 더 잘 알고자 하는 마음을 북돋아 주시도록 기도하십시오. 이 공부를 통해 최대의 유익을 얻을 수 있는 방법은, 먼저 혼자서 공부한 다음, 미리 공부를 해온 다른 사람들과 함께 그룹으로 모여, 깨닫고 적용한 바를 서로 나누는 것입니다.

자신의 형편과 필요에 맞추어 공부할 시간을 내십시오. 단원 1부터 먼저 하고, 더 나아가 보다 깊이 있게 공부하기를 원하면 단원 2를 하십시오.

성경공부를 하다 보면 이것저것 적을 것이 많이 생기게 되는데, 이 교재에 제공된 빈칸 가지고는 부족할 수가 있습니다. 그런 경우에는 노트를 하나 마련하여, 답이나 기도 제목, 예화, 관찰 내용 등 성경공부 중에 떠오르거나 토의 중에 마음에 와 닿은 것들을 기록해 두면 큰 도움이 됩니다.

공부의 구성

단원 1은 다섯 부분으로 나뉘어 있습니다. 공부를 시작하기 전에 7쪽의 '시작하면서'를 다시 읽어 보며, 감명 깊은 내용들에 표시를 해서 공부를 할 때마다 음미해 보십시오.

다음은 각 부분을 위한 지침입니다.

1. 구절 묵상

여기에 나열된 성경 구절들에는 주제와 관련된 하나님의 속성이 언급되어 있습니다. 나와 있는 순서대로 공부하십시오. 성경 구절들을 찾아 묵상할 때 하나님을 새롭게 알려 주시도록 기도하십시오. 기도를 글로 써도 좋습니다.

각 구절을 찾아 하나씩 깊이 묵상하십시오. 가능하면 다른 성경 번역들도 찾아 읽어 보십시오. 묵상은 이 공부의 핵심이라 할 수 있는데, 시간을 내어 하나님께서 당신 자신에게 들려주시는 말씀을 듣는 것입니다. 성경 구절의 각 부분을 강조해서 읽어 보거나, 그 구절을 자신의 말로 써보거나, 또는 스스로 질문을 만들어 답을 해보십시오. 그렇게 하면 하나님께서 그 구절을 통해 말씀하시고자 하는 내용이 무엇인지 이해하는 데 좋습니다. 묵상을 통해 하나님에 관해 발견한 진리가 있으면, 자신의 삶을 돌아보아 그 진리가 자신의 태도와 행동에 어떻게 영향을 미쳐야 할지 생각해 보십시오. 각 구절의 말씀을 묵상하면서 당신 마음에 감명을 주는 부분들을 성경에 표시하십시오.

2. 감명 깊은 구절

구절 묵상을 통해 당신에게 가장 감명을 준 구절들의 전체 또는 일부를 성경에서 찾아 옮겨 적으십시오.

표시한 구절들을 다시 살펴보고, 그 과에서 다루고 있는 하나님의 속성을 이해하고 깨닫는 데 가장 크게 도움이 되거나 그 속성을 가장 잘 나타내 주고 있다고 생각되는 부분을 이곳에 옮겨 적으십시오. 구절 전체일 수도 있고, 일부일 수도 있습니다.

굳이 구절 전체를 다 옮겨 적을 필요는 없습니다. 특별히 당신에게 와 닿은 부분을 기록하도록 하십시오. 마음이 현재 공부하고 있는 하나님의 속성에 늘 가 있게 되면, 경건의 시간을 가질 때나 설교를 들을 때, 또는 말씀을 함께 나눌 때 이와 연관된 말씀들에 더 깨어 있게 됩니다. 그때그때 새로운 구절들을 추가함으로써 계속해서 공부의 폭을 넓힐 수 있습니다. 지면이 부족한 경우에는 따로 마련한 노트에 기록하도록 하십시오.

하나님에 관해 발견한 진리와 연관하여 하나님께 감사와 경배를 드리는 시간을 가지십시오. 감사와 경배는 우리의 영혼을 고양시키며 하나님께 기쁨과 영광이 되기에 더없이 중요한 일입니다. 공부를 해나가면서 시시로 감명 깊은 구절을 다시 보며 더 깊이 묵상하고 찬양하는 습관을 기르십시오. 경건의 시간을 시작하면서나 가족 예배를 드릴 때, 또는 잠자리에 들기 전에 이런 시간을 갖는 것도 좋습니다. 마음을 새롭게 하거나 믿음을 굳게 하는 데도 이런 시간은 크게 도움이 됩니다.

예를 들어, 제9과 '절대주권'에 대하여 공부하고 있다면, 다음과 같이 하면 됩니다.

(예시) 2. 감명 깊은 구절

구절 묵상을 통해 당신에게 가장 감명을 준 구절들의 전체 또는 일부를 성경에서 찾아 옮겨 적으십시오. 그리고 이 내용을 수시로 묵상하며 주님을 찬양하는 데 활용하십시오. (이후에도 하나님의 이 속성에 대해 잘 말해 주는 다른 구절이 있으면 추가하십시오.)

"땅의 모든 거민을 없는 것같이 여기시며, 하늘의 군사에게든지 땅의 거민에게든지 그는 자기 뜻대로 행하시나니, 누가 그의 손을 금하든지, 혹시 이르기를, '네가 무엇을 하느냐' 할 자가 없도다" (다니엘 4:35).

"그는 때와 기한을 변하시며 왕들을 폐하시고 왕들을 세우시며" (다니엘 2:21).

"우리가 알거니와 하나님을 사랑하는 자 곧 그 뜻대로 부르심을 입은 자들에게는 모든 것이 합력하여 선을 이루느니라"(로마서 8:28).

3. 관찰, 예화 및 인용문

감명 깊은 구절을 옮겨 적은 후 그 말씀들을 묵상하십시오. 새롭게 깨닫게 해주시도록 기도하십시오. 한 단어 한 단어, 한 마디 한 마디씩 그 의미를 생각해 보십시오. 잘 모르는 낱말이 있으면 사전을 찾아보십시오. 그 구절의 핵심 사상과 묵상 내용을 기록하십시오. 공부를 해나가면서 의미 파악에 도움이 되는 인용문이나 시, 또는 예화가 있으면 적어 두도록 하십시오. 무엇보다도 예수 그리스도와 성경의 인물들 또는 역사상 유명한 믿음의 사람들과 영적 지도자들, 믿음의 친구들, 그리고 당신 자신…이 이 진리를 매일의 삶 가운데 어떻게 배우거나 드러내게 되었는지를 주목하기 바랍니다.

4. 적용

적용이란 '이 진리가 나의 삶에 어떻게 영향을 미칠 수 있는가?'를 생각해 보고 실생활에서 실천하는 것입니다. 하나님의 이러한 속성을 매일의 삶에서 경험하게 하여 달라고 기도하십시오. 예를 들어, 다음과 같은 영역에서 하나님의 이러한 속성이 구체적으로 어떻게 당신에게 도움을 줄 수 있을지 생각해 보십시오.

✿ 하나님과의 관계의 발전

✿ 염려와 두려움의 극복

✿ 마음의 소원의 성취

✿ 다른 사람들을 향한 사랑(태도와 행동)의 발전

✿ 실망과 오해와 좌절의 해결

✿ 고난과 난관의 극복

제4과 '능력과 권세'를 예로 들면 다음과 같습니다.

(예시) 4. 적용

걱정되는 문제가 있을 때 특히 하나님의 능력과 권세를 상기하며 더욱 하나님을 의뢰하도록 해야겠다. 예레미야 32:17을 암송하는 기도함으로 현재 짐이 되고 있는 재정적인 문제와 아이의 학업 문제를 주님께 맡겨야 하겠다. 이 말씀을 크게 써서 욕실 거울과 침실 머리맡에 붙여 놓아 하나님의 무한한 능력이 나와 함께하심을 일깨우도록 하겠다.

매일의 삶에 하나님의 말씀을 적용하는 것이 성경공부를 하는 궁극적인 목적이라 할 수 있습니다. 이 공부에서 적용이란 '하나님의 이 속성은 나에게 무엇을 말하는가?'라는 질문에 답하는 것입니다. 우리는 적용을 통해 매일의 삶 속에서 실제적으로 하나님께 찬양과 감사를 드릴 수 있게 되며, 이것이 디딤돌이 되어 더욱 풍성한 열매를 맺는 삶을 살 수 있기 때문입니다.

적용은 한 단어, 한 마디, 한 구절, 한 문단으로부터 이끌어 낼 수도 있고, 성경공부 전체를 통해 이끌어 낼 수도 있습니다. 적용은 개인적이며 실제적이고 구체적이어야 합니다. "나," "나의," "나를," "나에게"와 같은 말을 사용하는 것이 좋습니다. 깨달은 사실이 당신의 태도와 행동, 성품, 하나님 및 사람들과의 관계에 영향을 미쳐 매일의 삶에서 변화가 나타나도록 해야 합니다. 적용을 기록할 때는 듣는 사람이 누구나 쉽게 이해할 수 있도록 명확하게 기술하십시오.

5. 메모

설교 말씀을 들을 때나 성경공부를 할 때, 또는 자연스런 대화를 하던 중 현재 공부하고 있는 주제와 연관된 성경 구절들이 떠오를 수 있습니다. '감명 깊은 구절' 난에 그 내용을 다 옮겨 적을 만한 시간이 없을 경우, 이 난에 장절을 기록하도록 하십시오.

자, 이제 제1과 '광대하심과 위엄'(29-34쪽)의 단원 1을 공부할 준비가 되었습니다. 각 과마다 질문의 형식이 동일하기 때문에 금방 친숙해질 것입니다. 자칫 성경공부가 틀에 박히고 재미없는 또 하나의 활동이 되지 않도록 하십시오. 도전과 감동과 자극과 새로움을 주는, 흥미진진하고 유익한 성경공부가 되게 하기 위해서는, 답을 할 때 피상적으로 하지 말고, 깊이 생각한 후에 자신의 말로 답을 하는 것이 중요합니다. 기도하는 가운데 깊이 묵상하십시오. 기대하는 마음을 가지십시오. 말씀의 진리에 마음을 활짝 열어 놓으십시오. 사모하는 마음으로 말씀 속에 감춰져 있는 보화를 찾아보십시오. 성경공부가 정말 재미있어질 것입니다.

각 과의 단원 1을 다 마치고 나서 더 공부하고 싶으면, 단원 2를 계속해서 해나가도록 하십시오. 19-27쪽에 단원 2를 위한 공부 지침이 소개되어 있습니다.

단원 2를 위한 성경공부 지침

단원 2는 각 과의 단원 1에서 살펴본 하나님의 속성을 더 깊이 있게 공부함으로 하나님을 더 잘 알게 되며 더 깊이 있게 적용할 수 있도록 돕기 위한 것입니다. 일곱 부분으로 나뉘어, 단원 1보다 더 깊이 있게 공부하고 묵상할 수 있도록 구성되어 있습니다. 여기서는 보다 더 다양한 성경공부 방법을 접하게 되며, 하나님의 성품과 속성이 당신 자신과 주위 사람들의 삶에 미칠 수 있는 영향을 보다 확실하게 이해하게 될 것입니다. 이를 통해 성경공부가 더욱 풍성해질 것입니다.

1. 아래 구절들을 찾아보고 묵상하십시오. 가장 마음에 와 닿은 구절을 단원 1의 '감명 깊은 구절'에 추가하십시오. 그 밖의 다른 구절들을 더 추가해 묵상해도 좋습니다.

14쪽의 '구절 묵상'과 '감명 깊은 구절'에 대한 지침을 다시 살펴보십시오. 추가 구절은 당신이 암송하고 있는 구절이나 관주 등을 통해 찾을 수 있을 것입니다. 육하원칙(六何原則)의 질문을 통해 보다 집중적으로 묵상을 할 수 있습니다. 다음의 예는 말 그대로 예일 뿐 반드시 이대로 질문하라는 것은 아닙니다. 다만 참조하기 바랍니다.

✿ 누가(Who)

누가 하나님의 이 속성을 경험할 수 있는가?

✿ 무엇(What)

이 속성에 대해 무엇이라 언급하고 있는가?

이에서 나오는 하나님의 태도나 행동은 무엇인가?

✿ 언제(When)

나에게 이 속성이 특히 필요한 때는 언제인가?

✿ 어디(Where)

나의 삶 가운데 하나님께서 이 속성을 나타내 보여 주시기를 기대할 수 있는 영역은 어디인가?

✿ 왜(Why)

이 속성을 이해하고 경험하는 것이 왜 중요한가?

이 속성이 나에게 왜 필요한가?

✿ 어떻게(How)

이 진리가 사람들의 삶에 어떻게 영향을 끼쳤는가?

어떻게 나는 하나님의 이 속성을 풍성하게 경험할 수 있는가?

이것이 나 자신에 대한 생각에 어떻게 영향을 미칠 수 있는가?

질문에 대한 답이 떠오를 때마다 노트에 간단하게 메모하십시오. 더 효과적으로 공부하고 묵상하는 데 도움이 될 것입니다.

2. 감명 깊은 구절(또는 다른 묵상 구절)을 자신의 말로 간단히 요약하거나, 간단한 개요를 만드십시오.

요약을 할 때는 그 구절의 요점을 자신의 말로 간략히 기술하십시오. 여기서는 개인적인 견해나 해석을 포함하지 말고 실제로 성경이 말하고 있는 내용만을 이야기하십시오. '하나님의 절대주권'을 예로 들면 다음과 같습니다.

> 하나님께서는 하늘과 땅의 모든 만물(큰 권세를 가진 사람도)을 다스리시며, 모든 일(모든 세상사, 가능할 자연 현상, 인간의 악할 계획까지도)을 주관하신다. 하나님께서 행하기로 작정하시면 막을 수 있는 것은 아무것도 없다. 하나님께서는 자신의 뜻과 목적을 반드시 이루시며, 하나님을 사랑하는 자들에게는 모든 것이 합력하여 선을 이루게 하신다.

개요 형식을 빌려 요약할 수도 있습니다. 먼저 주제를 몇 개의 제목으로 나누어 적고, 그 제목 아래 그 구절의 내용을 요약하는 방식입니다. '하나님의 절대주권'을 예로 들면 다음과 같습니다.

> I. 하나님의 절대주권적 통치의 범위
> II. 하나님의 통치의 결과

3. 많은 사람들이 하나님의 이 속성을 모르기 때문에 하나님과 자기 자신과 삶에 관하여 갖게 되는 잘못된 생각은 무엇입니까?

주위 사람들을 잘 관찰해 보거나, 또는 책이나 잡지, 신문, TV, 인터넷 등에서 이 질문에 대한 답을 찾아보십시오. 몇 가지 예를 들면 다음과 같습니다.

하나님의 능력과 권세에 대해:

어떤 사람들은 '내 문제는 내 스스로 해결할 수 있으며, 내 인생은 나 혼자서 영위할 수 있다. 나는 하나님이 필요 없다'라는 생각한다.

하나님의 사랑과 긍휼에 대해:

많은 사람들이 '하나님은 불공평하며 사랑이 없다. 만일 공평하시는 사랑이 많으신 분이라면, 나에게 나쁜 일이 일어나도록 그냥 내버려 두실 리가 없다'라는 생각한다.

하나님의 거룩하심과 완전하심에 대해:

어떤 사람들은, 하나님은 인격이 아닌 힘이며, 따라서 비도덕적인 존재라는 믿는다. 그 결과, 선악의 절대적인 기준이 사라지는 참된 정의가 그 설 자리를 잃게 되었다.

4. 자신을 돌아보면서, 다음 질문에 답하십시오. (둘 중 하나만 할 수도 있고, 둘 다 할 수도 있습니다.)

가. 내가 하나님의 이 속성을 신뢰하지 못할 때 빠지게 되는 잘못된 생각이나 감정을 든다면 구체적으로 무엇을 들 수 있는가? 내가 이러한 생각과 감정에 빠지도록 자주 나를 자극하는 상황이나 기억들로는 어떤 것이 있는가?

나. 머리로는 하나님이 이러하신 분이라고 동의하지만, 나는 과연 실제 삶으로도 이를 인정하고 있는가? 나의 태도나 행동에서, 하나님의 이 속성을 인정하지 못하고 있음을 보여 주는 것으로는 구체적으로 어떤 것이 있는가?

'하나님의 사랑과 긍휼'을 예로 들면 다음과 같습니다.

가. 나는 종종 하나님은 나처럼 무가치한 사람은 사랑하지 않으실 거라는 생각이 든다. 이런 생각은 나를 자기 정죄와 심한 실망감에 빠지게 한다. 특히 성을 낼 때, 또 먹기를 탐하거나 시간을 허비할 때 이런 생각을 많이 하게 된다.

나. 일이 잘못 돌아갈 때 나는 종종 불평을 터뜨림으로써, 하나님께서 사랑 가운데 내게 최선의 유익을 가져다주시기 위해서 그 일이 일어나게 하셨다는 사실에 대한 믿음이 없음을 드러낸다.

5. 문제 4에서 적은 당신의 필요와 연관하여 삶의 현장에서 즉각 사용할 수 있는 간단한 문구를 찾아 적으십시오.

이것을 하는 목적은 말씀의 진리를 실제 삶에서 사용하려는 데 있습니다. 이를 통해 하나님의 속성이 관념적인 것이 아니라 삶의 구체적 필요를 해결하는 데 실제적인 도움을 주는 것임을 알게 됩니다. 또한, 마음속에 하나님의 속성과는 반대되는 생각이나 감정이 일어날 때 그것을 물리칠 수 있게 해주어, 잘못된 생각이나 감정에 빠지지 않도록 도와줍니다.

먼저, 묵상한 구절들 중에서 당신의 필요와 연관해 하나님을 믿고 의지하도록 격려해 주는 구절을 찾아보십시오. 그중에서 당신 마음에 가장 강하게 와 닿은 구절이나 내용은 무엇인지 정하십시오. 마음에 정하였으면, 다음 중 한 가지를 하십시오. 예를 들면 다음과 같습니다.

가. 그 구절의 전체 또는 일부를 옮겨 적는다.

"내가 너를 보배롭고 존귀하게 여기고 너를 사랑하였은즉"(이사야 43:4).

나. 그 구절을 일인칭 대명사를 사용하여 다시 쓴다.

하나님께서는 나를 보배롭고 존귀하게 여기고 나를 사랑하신다.

다. 그 구절이나 내용이 당신에게 주는 의미를 간략하게 적는다.

나는 하나님 보시기에 보배롭고 존귀하며 사랑스런 존재이기에, 자기 정죄나 실망에 빠져서는 안 된다.

라. 다른 사람의 글 중에서 당신 마음에 와 닿은 문구를 적는다.

"갈보리는 우리를 향한 하나님의 사랑을 보여 주는 절대적인 증거다. 우리를 향한 하나님의 사랑에 대해 의심이 들 때마다 우리는 십자가로 돌아가야 한다"(제리 브릿지즈).

목표는, 마음에 확신, 감사, 평안, 기쁨 등을 주거나 당신의 필요를 채워 주는 짧은 문구 하나를 찾는 것입니다. 이 문구는 짧기 때문에 기억하기가 쉬워 수시로 떠올려 묵상할 수 있어서 좋습니다. 시험이나 고난이나 좌절 가운데 있을 때 이것을 떠올려 보십시오. 현재 당신의 생각과 감정과 행위를 있는 그대로 인정하되, 그대로 방치하거나 끌려 다니지 않도록 하십시오. 의식적으로 이 문구를 떠올리며 그것이 사실임을 인하여 하나님께 감사하십시오. 시험이나 고난이 다 지나가기까지, 또는 필요가 다 채워지기까지 계속해서 묵상하십시오.

6. 당신 가까이에 있는 사람들—가족이나 친지, 친구, 이웃, 또는 영적 자녀들—가운데 혹 하나님의 이 속성과 연관된 필요나 문제를 가진 사람이 있습니까? 어떻게 그가 하나님의 이 속성을 분명히 깨닫고 즐거워하며 삶에 실제적으로 반영하도록 도울 수 있겠습니까?

이 질문은 당신이 깨달은 진리를 다른 사람과 나눌 수 있도록 돕기 위한 것입니다. 하나님의 속성에 대해 다른 사람과 나눌 때는 특히 민감하고 친절하며 사랑의 마음으로 해야 합니다. 비판적인 태도나 우월감을 보이는 것은 금물입니다. 지혜롭게 질문을 던져 대화를 이끌어 가십시오. "이것이 현재 당신이 처한 상황에 도움이 되지 않겠습니까?"라든가, "이 사실이 요 전날 당신이 말한 두려움을 극복하도록 해주지 않을까요?" 하는 식으로 질문하기 바랍니다.

다른 사람들과 효과적으로 나누기 위해서는 당신도 정직해야 합니다. 왜 당신에게 이 진리가 필요하며 이 진리를 당신 삶에 어떻게 적용하기를 원하는지 먼저 나누십시오. 그러고 나서 함께 서로의 필요를 위해 기도하기 바랍니다.

7. 당신의 삶 속에서 하나님의 이 속성을 경험할 수 있도록 기도하십시오. 이 진리에 대한 확신이 더욱 견고해지며, 이 진리로 말미암아 당신과 다른 사람들의 삶의 구체적인 필요가 채워지도록 기도하십시오. 기도 응답의 내용을 기록하십시오.

공부하고 있는 하나님의 속성과 연관하여 당신과 다른 사람들이 경험한 하나님의 역사를 적어 두었다가 나중에 다시 읽어 보면 하나님께 대한 당신의 믿음이 더욱 깊어집니다. 이 개인적인 일지는 주님에 대해 다른 사람들과 더 효과적으로 나누는 데에도 도움이 됩니다. '하나님의 절대주권'을 예로 들면 다음과 같습니다.

《하나님의 절대주권에 대한 경험》

필요 또는 형편	하나님의 역사
5/29-30 다가오는 시험에 대한 부담	공부에 집중하지 못한 채 한 시간을 보내고 났을 때, 주님께서 다니엘 2:21 말씀을 마음에 떠오르게 해주셨다. "지혜자에게 지혜를 주시고 지식자에게 총명을 주시는도다." 나를 다스리시는 주님을 찬양하며 지혜와 총명을 주시도록 주님께 기도하였다. 기도를 하고 나니 머리가 맑아지고 집중도 잘 되어 공부하는 내용이 머리에 잘 들어왔고, 시험도 잘 치르게 되었다.
7월 말 휴가를 얻지 못할까 봐 초조함	회사 사정으로 올 여름 휴가는 없다는 소문이 돌았다. 주님은 다니엘 4:35을 통해 주님께서 모든 일을 주관하신다는 사실을 생각나게 해주셨다. 모든 일을 주관하시는 하나님을 바라보며 휴가를 얻을 수 있도록 기도했다. 그런데 생각지도 못한 방법으로 내가 원하던 때에 휴가를 얻을 수 있는 길을 열어 주셔서, 영적으로 재충전하는 시간을 가질 뿐 아니라, 가족의 필요도 채울 수 있었으며, 휴가에 필요한 경비도 공급해 주셨다.

묵상을 위한 인용문

문: 사람의 제일 되는 목적이 무엇이뇨?

답: 사람의 제일 되는 목적은 하나님을 영화롭게 하는 것과 영원토록 그를 즐거워하는 것이니라.

- 웨스트민스터 소요리문답에서

1. 광대하심과 위엄

단원 1

온 우주 만물을 다스리시는 최고 통치자이신 하나님께서 자기 자녀 한 사람 한 사람의 삶에 자상한 관심을 가지고 개입하신다니, 이 얼마나 놀라운 사실입니까! 주 하나님께서는 우리 인간과 같지 않으십니다. 우리는 능력이 제한되어 있어, 한 번에 많은 사람들에게 온전한 관심을 기울일 수가 없습니다. 하지만 주님께서는 모든 것을 알고 계시며, 모든 것을 감찰하시며, 언제나 함께 계시며, 우리 한 사람 한 사람에게 집중적인 관심을 갖고 사랑하실 수 있습니다. 주님께서는 어느 누구를 편애하시지 않으십니다. 자기 자녀 한 사람 한 사람이 주님께 너무도 사랑스럽고 귀한 존재이기 때문입니다.

기도

주 하나님 아버지, 지극히 높으신 주님께 경배를 드리옵니다. 주님께서는 만물 위에 뛰어나시옵니다. 만왕의 왕이신 주님, 주님의 능하신 위엄과 한없는 사랑을 인하여 주님을 찬양하나이다. 전능하신 용사이신 주님을 찬양하나이다. 주님께서는 위엄을 입으시고 적군에 달리시며 대적을 파하시고 승리하시는 분이시옵니다. 주님의 광대하심을 인하여 주님을 찬양하나이다.

주님, 성경 말씀에 나타난 주님의 속성을 묵상하며 공부하기 위해 주님 앞에 나왔사오니, 오늘 이 시간 주님의 광대하심과 위엄을 분명히 보고 깨닫게 하시고, 주님을 더욱 깊이 신뢰하게 하시며, 평생토록 이러한 삶을 살아가게 하여 주옵소서. 아멘.

1. 구절 묵상

역대상 29:11-13

디모데전서 6:15-16

시편 96:1-6

시편 145:1-6

에베소서 1:20-23

2. 감명 깊은 구절

구절 묵상을 통해 당신에게 가장 감명을 주는 구절들의 전체 또는 일부를 성경에서 찾아 옮겨 적으십시오. 그리고 이 내용을 수시로 묵상하며 주님을 찬양하는 데 활용하십시오. (이후에도 하나님의 이 속성에 대해 잘 말해 주는 다른 구절이 있으면 추가하십시오.)

3. 관찰, 예화 및 인용문

4. 적용

5. 메모

단원 2

1. 아래 구절들을 찾아보고 묵상하십시오. 가장 마음에 와 닿은 구절을 단원 1의 '감명 깊은 구절'에 추가하십시오. 그 밖의 다른 구절들을 더 추가해 묵상해도 좋습니다.

   말라기 1:11

   이사야 40:12-26

2. 감명 깊은 구절(또는 다른 묵상 구절)을 자신의 말로 간단히 요약하거나, 간단한 개요를 만드십시오.

3. 많은 사람들이 하나님의 이 속성을 모르기 때문에 하나님과 자기 자신과 삶에 관하여 갖게 되는 잘못된 생각은 무엇입니까?

4. 자신을 돌아보면서, 다음 질문에 답하십시오.

가. 내가 하나님의 이 속성을 신뢰하지 못할 때 빠지게 되는 잘못된 생각이나 감정을 든다면 구체적으로 무엇을 들 수 있는가? 내가 이러한 생각과 감정에 빠지도록 자주 나를 자극하는 상황이나 기억들로는 어떤 것이 있는가?

나. 머리로는 하나님이 이러하신 분이라고 동의하지만, 나는 과연 실제 삶으로도 이를 인정하고 있는가? 나의 태도나 행동에서, 하나님의 이 속성을 인정하지 못하고 있음을 보여 주는 것으로는 구체적으로 어떤 것이 있는가?

5. 문제 4에서 적은 당신의 필요와 연관하여 삶의 현장에서 즉각 사용할 수 있는 간단한 문구를 찾아 적으십시오.

6. 당신 가까이에 있는 사람들—가족이나 친지, 친구, 이웃, 또는 영적 자녀들—가운데 혹 하나님의 이 속성과 연관된 필요나 문제를 가진 사람이 있습니까? 어떻게 그가 하나님의 이 속성을 분명히 깨닫고 즐거워하며 삶에 실제적으로 반영하도록 도울 수 있겠습니까?

7. 당신의 삶 속에서 하나님의 이 속성을 경험할 수 있도록 기도하십시오. 이 진리에 대한 확신이 더욱 견고해지며, 이 진리로 말미암아 당신과 다른 사람들의 삶의 구체적인 필요가 채워지도록 기도하십시오. 기도 응답의 내용을 기록하십시오.

《하나님의 광대하심과 위엄에 대한 경험》

필요 또는 형편	하나님의 역사

2. 아름다우심

단원 1

당신이 지금까지 본 경치 중에서 가장 아름다웠던 경치를 회상해 보십시오. 제일 좋아하는 음식이나 가장 맛있었던 음식을 떠올려 보십시오. 향이 정말 기가 막혀 당신을 사로잡았던 것들을 생각해 보십시오. 아름다운 장미꽃, 갓 구운 빵, 솔향기 가득한 소나무 숲일 수도 있고, 다른 뭐든 좋습니다. 이 모두 우리의 삶에 이루 말할 수 없는 풍요로움과 기쁨을 더해 줍니다. 진실로, 이 모든 기막힌 경치, 소리, 향기, 맛은 사랑의 하나님께서 그분 자신과 우리의 즐거움을 위해 창조하신 것입니다. 분주한 일상 속에서 잠시만 멈추어 의식적으로 주위를 돌아보십시오. 우리 아버지이신 하나님께서 얼마나 아름다운 분이신지를 금세 깨닫게 될 것입니다. 그리고 주님의 무한한 창조성과 그 지으신 만물의 장엄함과 아름다움에 말을 잃고 무릎을 꿇고 주님께 경배하지 않을 수 없을 것입니다.

기도

사랑하는 주 하나님, 내가 기뻐하는 그 무엇도 주님과는 비교도 할 수 없나이다. 주님께서는 이 세상의 모든 기쁨 위에 뛰어나시옵니다. 주님만 생각하면 내 영혼은 말할 수 없는 기쁨으로 기뻐 뛰나이다. 서쪽 하늘을 붉게 물들이는 찬란한 저녁놀보다도, 수많은 별들이 반짝이며 속삭이는 밤하늘보다도, 저 멀리 우람한 자태를 자랑하며 서 있는 우뚝 솟은 산들보다도, 해변에 부딪쳐 산산이 부서지는 바다의 파도보다도, 주님께서는 더 아름다우시옵니다. 이 땅의 그 어떤 관계도 주님과의 관계보다 더 친밀하고 더 달콤한 것은 없나이다. 이 세상 모든 사람의 찬사를 받는 이의 아름다움도 주님의 아름다움에 비하면 금방 빛을 잃고 마나이다.

주님, 오늘 이 시간 주님의 말씀을 묵상할 때, 내 눈을 열어 주님께서 얼마나 아름다우시며 사모할 만한 분이신지를 보게 하옵소서. 내 영혼이 주님을 인하여, 이전에 맛보았던 어떤 기쁨보다도 더 큰 기쁨을 맛보게 하옵소서. 주님을 인하여 기쁨이 넘치게 하옵소서. 아멘.

1. 구절 묵상

시편 27:4

시편 8:1-9

시편 45:2

빌립보서 3:7-8

시편 36:7-9

2. 감명 깊은 구절

구절 묵상을 통해 당신에게 가장 감명을 주는 구절들의 전체 또는 일부를 성경에서 찾아 옮겨 적으십시오. 그리고 이 내용을 수시로 묵상하며 주님을 찬양하는 데 활용하십시오. (이후에도 하나님의 이 속성에 대해 잘 말해 주는 다른 구절이 있으면 추가하십시오.)

3. 관찰, 예화 및 인용문

4. 적용

5. 메모

단원 2

1. 아래 구절들을 찾아보고 묵상하십시오. 가장 마음에 와 닿은 구절을 단원 1의 '감명 깊은 구절'에 추가하십시오. 그 밖의 다른 구절들을 더 추가해 묵상해도 좋습니다.

   시편 63:1-7

   베드로전서 2:4-7

   시편 61:2-4

   시편 73:24-26

   시편 94:18-19

2. 감명 깊은 구절(또는 다른 묵상 구절)을 자신의 말로 간단히 요약하거나, 간단한 개요를 만드십시오.

3. 많은 사람들이 하나님의 이 속성을 모르기 때문에 하나님과 자기 자신과 삶에 관하여 갖게 되는 잘못된 생각은 무엇입니까?

4. 자신을 돌아보면서, 다음 질문에 답하십시오.

가. 내가 하나님의 이 속성을 신뢰하지 못할 때 빠지게 되는 잘못된 생각이나 감정을 든다면 구체적으로 무엇을 들 수 있는가? 내가 이러한 생각과 감정에 빠지도록 자주 나를 자극하는 상황이나 기억들로는 어떤 것이 있는가?

나. 머리로는 하나님이 이러하신 분이라고 동의하지만, 나는 과연 실제 삶으로도 이를 인정하고 있는가? 나의 태도나 행동에서, 하나님의 이 속성을 인정하지 못하고 있음을 보여 주는 것으로는 구체적으로 어떤 것이 있는가?

5. 문제 4에서 적은 당신의 필요와 연관하여 삶의 현장에서 즉각 사용할 수 있는 간단한 문구를 찾아 적으십시오.

6. 당신 가까이에 있는 사람들—가족이나 친지, 친구, 이웃, 또는 영적 자녀들—가운데 혹 하나님의 이 속성과 연관된 필요나 문제를 가진 사람이 있습니까? 어떻게 그가 하나님의 이 속성을 분명히 깨닫고 즐거워하며 삶에 실제적으로 반영하도록 도울 수 있겠습니까?

7. 당신의 삶 속에서 하나님의 이 속성을 경험할 수 있도록 기도하십시오. 이 진리에 대한 확신이 더욱 견고해지며, 이 진리로 말미암아 당신과 다른 사람들의 삶의 구체적인 필요가 채워지도록 기도하십시오. 기도 응답의 내용을 기록하십시오.

《하나님의 아름다우심에 대한 경험》

필요 또는 형편	하나님의 역사

3. 자신을 알려 주심

단원 1

주 하나님께서는 예레미야 9:24에서 이렇게 말씀하십니다. "자랑하는 자는 이것으로 자랑할지니, 곧 명철하여 나를 아는 것과 나 여호와는 인애와 공평과 정직을 땅에 행하는 자인 줄 깨닫는 것이라. 나는 이 일을 기뻐하노라. 여호와의 말이니라." 자랑을 하려면 주님을 아는 것과 주님이 어떤 분이신지를 깨닫는 것을 자랑하라는 것입니다. 만물의 창조주시요 최고 통치자이신, 지극히 높으신 하나님을 개인적으로 친밀하게 아는 것보다 더 영광스런 것이 있겠습니까? 주님을 아는 것은 우리의 인생에서 최고의 영예요, 최대의 특권입니다. 주님을 아는 것은 우리 인생의 면류관입니다. 광대하심과 권능과 지혜와 그 무엇에서도 주님과 같은 분은 없습니다. 그런 하나님과 친밀한 개인적 관계를 누리며 산다는 것은 그 무엇과도 바꿀 수 없는 놀라운 특권입니다!

기도

주님, 조금만 있으면 주님과 영원히 함께 거하며 한없는 기쁨과 완전한 평화를 누리게 될 것을 생각하니 너무도 기쁘나이다. 지금 이 시간 주님께 내 마음을 고정시킬 수 있다는 사실 자체만으로도 얼마나 감사하온지요! 내가 주님을 믿고 의지하며 내 소망을 오직 주님께만 둘 수 있사옴은, 주님은 나의 하나님이시요 나의 영원한 반석이심이니이다.

아버지 하나님, 나로 하여금 주님을 알 수 있게 하시며, 주님의 놀라운 속성들을 더 깊이 깨달을 수 있게 하여 주시니 참으로 감사하옵니다. 머리로만 주님을 아는 것이 아니라 내 가슴으로 주님을 알게 하시고, 내 삶으로 주님을 경험하게 하옵소서.

주님, 이 시간 내 눈을 열어서 우리에게 자신을 알려 주시는 주님을 분명히 보게 하시고, 주님을 더 많이 더 깊이 알아 가게 하여 주옵소서. 아멘.

1. 구절 묵상

예레미야 29:13

예레미야 9:23-24

고린도전서 2:11-12

요한일서 5:20

고린도후서 4:6

2. 감명 깊은 구절

구절 묵상을 통해 당신에게 가장 감명을 주는 구절들의 전체 또는 일부를 성경에서 찾아 옮겨 적으십시오. 그리고 이 내용을 수시로 묵상하며 주님을 찬양하는 데 활용하십시오. (이후에도 하나님의 이 속성에 대해 잘 말해 주는 다른 구절이 있으면 추가하십시오.)

3. 관찰, 예화 및 인용문

4. 적용

5. 메모

단원 2

1. 아래 구절들을 찾아보고 묵상하십시오. 가장 마음에 와 닿은 구절을 단원 1의 '감명 깊은 구절'에 추가하십시오. 그 밖의 다른 구절들을 더 추가해 묵상해도 좋습니다.

   잠언 2:1-6

   에베소서 1:17-19

   이사야 43:10

   베드로후서 3:18

   호세아 6:3

2. 감명 깊은 구절(또는 다른 묵상 구절)을 자신의 말로 간단히 요약하거나, 간단한 개요를 만드십시오.

3. 많은 사람들이 하나님의 이 속성을 모르기 때문에 하나님과 자기 자신과 삶에 관하여 갖게 되는 잘못된 생각은 무엇입니까?

4. 자신을 돌아보면서, 다음 질문에 답하십시오.

가. 내가 하나님의 이 속성을 신뢰하지 못할 때 빠지게 되는 잘못된 생각이나 감정을 든다면 구체적으로 무엇을 들 수 있는가? 내가 이러한 생각과 감정에 빠지도록 자주 나를 자극하는 상황이나 기억들로는 어떤 것이 있는가?

나. 머리로는 하나님이 이러하신 분이라고 동의하지만, 나는 과연 실제 삶으로도 이를 인정하고 있는가? 나의 태도나 행동에서, 하나님의 이 속성을 인정하지 못하고 있음을 보여 주는 것으로는 구체적으로 어떤 것이 있는가?

5. 문제 4에서 적은 당신의 필요와 연관하여 삶의 현장에서 즉각 사용할 수 있는 간단한 문구를 찾아 적으십시오.

6. 당신 가까이에 있는 사람들—가족이나 친지, 친구, 이웃, 또는 영적 자녀들—가운데 혹 하나님의 이 속성과 연관된 필요나 문제를 가진 사람이 있습니까? 어떻게 그가 하나님의 이 속성을 분명히 깨닫고 즐거워하며 삶에 실제적으로 반영하도록 도울 수 있겠습니까?

7. 당신의 삶 속에서 하나님의 이 속성을 경험할 수 있도록 기도하십시오. 이 진리에 대한 확신이 더욱 견고해지며, 이 진리로 말미암아 당신과 다른 사람들의 삶의 구체적인 필요가 채워지도록 기도하십시오. 기도 응답의 내용을 기록하십시오.

《자신을 알려 주시는 하나님에 대한 경험》

필요 또는 형편	하나님의 역사

4. 능력과 권세

단원 1

오늘날 전 세계에서 가장 막강한 권력을 가진 사람을 꼽으라면 아마도 미국 대통령을 꼽을 것입니다. 군 통수권자로서 수많은 군인들이 그의 명령에 복종합니다. 최고 권력자로서 그가 세우는 경제 정책에 미국뿐 아니라 전 세계가 영향을 받으며, 그가 입안하는 법률들은 수많은 사람들에게 영향을 미칩니다. 하지만 그도 모든 것을 자기 뜻대로 할 수 있는 게 아닙니다. 때로는 의회의 견제를 받기도 하고, 여론 조사의 결과에 민감한 반응을 보여 자기 뜻을 바꾸거나 포기하기도 합니다. 뿐만 아니라 막강한 권력을 가진 그도 자연재해 앞에서는 그야말로 속수무책입니다. 할 수 있는 게 아주 제한되어 있습니다. 손가락 하나만 까딱 하면 즉시 이용할 수 있는 자원이 엄청나게 많음에도 불구하고, 지진이나 태풍이나 화산 폭발을 멈추기 위해 할 수 있는 것은 아무것도 없습니다.

그런데 무한한 능력과 권세를 가지신 분이 계십니다. 바로 주 하나님이십니다. 그분은 전 세계에서 일어나는 모든 사건을 통제하시며, 드넓은 대양의 해류를 주관하시며, 행성들의 궤도를 일정하게 유지하십니다. 그분의 팔이 닿지 않는 곳이 없으며, 그분의 권세가 미치지 못하는 곳이 없습니다. 그런데 우리가 상상치도 못한 깜짝 놀랄 사실은, 그토록 상상을 초월하는 무한한 능력을 가지신 전능하신 하나님께서 우리를 지극히 사랑하셔서 우리 삶의 가장 작은 부분까지도 세세하게 돌보신다는 것입니다. 하나님께서는 정말로 놀라우신 분이십니다!

기도

주님, 전능하신 주님께 찬양과 경배를 드리옵니다. 이 세상의 그 어떤 세력도 주님을 이길 수 없나이다. 우리의 삶을 가로막는 그 어떤 산이나 장애물이나 역경도 주님께서는 능히 파하실 수 있사옵니다. 승리는 주님께 속한 것이오며 주님께는 능치 못한 일이 없으시나이다.

온 우주 만물을 창조하시고 붙드시며 주관하고 계시는 주님을 찬양하나이다. 그러기에 나의 삶에서 일어나는 그 어떤 어려움도, 나를 당황케 하는 그 어떤 상황도 주님께서는 다 해결하실 수 있는 분이시며, 또한 주님께서는 나의 모든 필요를 채우실 수 있는 분이심을 아옵나이다.

주님, 오늘 이 시간 주님의 능력과 권세에 대해 묵상하고 공부하려고 주님 앞에 나왔사오니, 이 공부를 통해 전능하시고 사랑이 한없으신 주님께 대한 믿음이 더욱 커지고 깊어지게 하여 주옵소서. 아멘.

1. 구절 묵상

예레미야 32:17,27

시편 33:6,9

마가복음 10:27

에베소서 1:19-21

에베소서 3:20

아모스 4:13

2. 감명 깊은 구절

구절 묵상을 통해 당신에게 가장 감명을 주는 구절들의 전체 또는 일부를 성경에서 찾아 옮겨 적으십시오. 그리고 이 내용을 수시로 묵상하며 주님을 찬양하는 데 활용하십시오. (이후에도 하나님의 이 속성에 대해 잘 말해 주는 다른 구절이 있으면 추가하십시오.)

3. 관찰, 예화 및 인용문

4. 적용

5. 메모

단원 2

1. 아래 구절들을 찾아보고 묵상하십시오. 가장 마음에 와 닿은 구절을 단원 1의 '감명 깊은 구절'에 추가하십시오. 그 밖의 다른 구절들을 더 추가해 묵상해도 좋습니다.

   마가복음 4:35-41

   시편 135:5-6

   욥기 42:2

   히브리서 1:3

   유다서 24-25

   로마서 4:20-21

2. 감명 깊은 구절(또는 다른 묵상 구절)을 자신의 말로 간단히 요약하거나, 간단한 개요를 만드십시오.

3. 많은 사람들이 하나님의 이 속성을 모르기 때문에 하나님과 자기 자신과 삶에 관하여 갖게 되는 잘못된 생각은 무엇입니까?

4. 자신을 돌아보면서, 다음 질문에 답하십시오.

가. 내가 하나님의 이 속성을 신뢰하지 못할 때 빠지게 되는 잘못된 생각이나 감정을 든다면 구체적으로 무엇을 들 수 있는가? 내가 이러한 생각과 감정에 빠지도록 자주 나를 자극하는 상황이나 기억들로는 어떤 것이 있는가?

나. 머리로는 하나님이 이러하신 분이라고 동의하지만, 나는 과연 실제 삶으로도 이를 인정하고 있는가? 나의 태도나 행동에서, 하나님의 이 속성을 인정하지 못하고 있음을 보여 주는 것으로는 구체적으로 어떤 것이 있는가?

5. 문제 4에서 적은 당신의 필요와 연관하여 삶의 현장에서 즉각 사용할 수 있는 간단한 문구를 찾아 적으십시오.

6. 당신 가까이에 있는 사람들—가족이나 친지, 친구, 이웃, 또는 영적 자녀들—가운데 혹 하나님의 이 속성과 연관된 필요나 문제를 가진 사람이 있습니까? 어떻게 그가 하나님의 이 속성을 분명히 깨닫고 즐거워하며 삶에 실제적으로 반영하도록 도울 수 있겠습니까?

7. 당신의 삶 속에서 하나님의 이 속성을 경험할 수 있도록 기도하십시오. 이 진리에 대한 확신이 더욱 견고해지며, 이 진리로 말미암아 당신과 다른 사람들의 삶의 구체적인 필요가 채워지도록 기도하십시오. 기도 응답의 내용을 기록하십시오.

《하나님의 능력과 권세에 대한 경험》

필요 또는 형편	하나님의 역사

5. 사랑과 긍휼

단원 1

이 세상에, 하나님께서 우리를 사랑하신다는 사실보다 더 위대한 사실이 있을까요? 우리로 그 사랑을 경험케 하시려고 하나님께서는 자기 아들을 이 땅에 보내사 십자가의 고통을 겪게 하셨습니다! 우리를 향한 하나님의 사랑은 한이 없고 끝이 없으며 이 땅의 그 어떤 사랑보다 아름답습니다.

그리스도께서 십자가를 참으사 부끄러움을 개의치 아니하심으로, 심판과 사망이 아니라, 하나님의 사랑과 긍휼이 하나님의 자녀인 우리를 감싸게 되었습니다. 이제 우리는 전과는 다른 새로운 분위기 가운데 살게 되었습니다. 바로 사랑의 분위기입니다. 이 사랑은 영원토록 다함이 없는 순수한 사랑으로 매일 아침마다 새롭게 우리에게 다가옵니다. 날마다 순간마다 이 위대한 사랑을 의지하여 살며, 그 사랑의 따뜻함과 친밀함을 맛보고 누릴 수 있다는 것은 정말 얼마나 기쁜 일인지 모릅니다. 오, 우리를 향한 주님의 사랑이 영원하며 그 사랑이 우리의 평생에 날마다 우리를 따른다니 얼마나 놀라운 축복인지요!

기도

주님, 이 시간 주님 앞에 엎드려 경배하나이다. 주님께서는 이 세상에 있는 모든 사람을 사랑하시되, 단지 인류 전체로서가 아니라 한 사람 한 사람을 개인적으로 사랑하시니 감사드리옵니다. 주님께서는 인류 전체로서가 아니라 개인적으로 나를 아시고 사랑하시나이다. 그 사랑이 얼마나 깊고 큰지 생각할수록 감사할 뿐이옵니다.

주님, 내가 주님을 믿고 의지하옵는 것은, 주님의 사랑과 긍휼과 신실하심은 끝이 없음을 알기 때문이옵니다. 또한 주님께서는 나의 모든 문제를 해결하실 수 있사오며, 나의 모든 필요를 채우실 수 있는 분임을 알기 때문이옵니다.

이 시간 이 공부를 통해 주님의 사랑과 긍휼과 자비 안에 더 깊게 뿌리를 박고 그 위에 더 견고히 세움을 입게 하옵소서. 아멘.

1. 구절 묵상

요한일서 3:1-2

요한일서 4:9-10

예레미야 31:3

신명기 33:3,12

로마서 8:35-39

2. 감명 깊은 구절

구절 묵상을 통해 당신에게 가장 감명을 주는 구절들의 전체 또는 일부를 성경에서 찾아 옮겨 적으십시오. 그리고 이 내용을 수시로 묵상하며 주님을 찬양하는 데 활용하십시오. (이후에도 하나님의 이 속성에 대해 잘 말해 주는 다른 구절이 있으면 추가하십시오.)

3. 관찰, 예화 및 인용문

4. 적용

5. 메모

단원 2

1. 아래 구절들을 찾아보고 묵상하십시오. 가장 마음에 와 닿은 구절을 단원 1의 '감명 깊은 구절'에 추가하십시오. 그 밖의 다른 구절들을 더 추가해 묵상해도 좋습니다.

   스바냐 3:17

   호세아 2:19-20

   요한복음 15:9-15

   이사야 54:10

   로마서 5:5,8

2. 감명 깊은 구절(또는 다른 묵상 구절)을 자신의 말로 간단히 요약하거나, 간단한 개요를 만드십시오.

3. 많은 사람들이 하나님의 이 속성을 모르기 때문에 하나님과 자기 자신과 삶에 관하여 갖게 되는 잘못된 생각은 무엇입니까?

4. 자신을 돌아보면서, 다음 질문에 답하십시오.

가. 내가 하나님의 이 속성을 신뢰하지 못할 때 빠지게 되는 잘못된 생각이나 감정을 든다면 구체적으로 무엇을 들 수 있는가? 내가 이러한 생각과 감정에 빠지도록 자주 나를 자극하는 상황이나 기억들로는 어떤 것이 있는가?

나. 머리로는 하나님이 이러하신 분이라고 동의하지만, 나는 과연 실제 삶으로도 이를 인정하고 있는가? 나의 태도나 행동에서, 하나님의 이 속성을 인정하지 못하고 있음을 보여 주는 것으로는 구체적으로 어떤 것이 있는가?

5. 문제 4에서 적은 당신의 필요와 연관하여 삶의 현장에서 즉각 사용할 수 있는 간단한 문구를 찾아 적으십시오.

6. 당신 가까이에 있는 사람들—가족이나 친지, 친구, 이웃, 또는 영적 자녀들—가운데 혹 하나님의 이 속성과 연관된 필요나 문제를 가진 사람이 있습니까? 어떻게 그가 하나님의 이 속성을 분명히 깨닫고 즐거워하며 삶에 실제적으로 반영하도록 도울 수 있겠습니까?

7. 당신의 삶 속에서 하나님의 이 속성을 경험할 수 있도록 기도하십시오. 이 진리에 대한 확신이 더욱 견고해지며, 이 진리로 말미암아 당신과 다른 사람들의 삶의 구체적인 필요가 채워지도록 기도하십시오. 기도 응답의 내용을 기록하십시오.

《하나님의 사랑과 긍휼에 대한 경험》

필요 또는 형편	하나님의 역사

6. 거룩하심과 완전하심

단원 1

당신이 아는 사람 중에 '그 사람은 참으로 거룩하다'라고 할 만한 사람이 있습니까? 그런 사람을 보면 우리는 경탄해 마지않습니다. 그는 하나님의 모든 말씀을 어느 하나도 가벼이 여기지 않고 진지하게 받으며, 그 말씀에 순종하여 의롭고 덕을 세우는 삶을 힘씁니다. 그러나 이 세상에서 아무리 거룩한 사람도 하나님의 거룩하심을 본받아 주님을 닮은 경건한 성품과 순결한 심령을 소유하기 위해 끊임없이 자신을 쳐서 복종시키며 훈련하는 것일 뿐, 다 이루었다 할 사람은 아무도 없습니다. 지극히 거룩하시고 완전하신 주님 앞에 서면 여전히 '모든 성도 중에 지극히 작은 자보다 더 작은 나'요 '죄인 중에 괴수'인 것입니다. 이 세상에서 흠이 하나도 없으시고 온전히 의로우시며 거룩하시며 완전하신 분은 오직 주님뿐이십니다.

A. W. 토저는 이렇게 말했습니다. "우리가 어떤 사람이나 사물을 기준으로 삼아 거룩함의 최고의 경지가 무엇인지를 규정하려고 한다면 하나님의 거룩하심의 진정한 의미를 깨달을 수가 없다. 하나님의 거룩하심이란 단지 인간이 도달하기 위해 애쓰는 최상의, 최고의 선한 경지가 아니다. 하나님의 거룩하심은 인간으로서는 결단코 다다를 수도 없고, 다 이해할 수도 없고, 얻을 수도 없는, 하나님께만 속한 고유한 것이다." 인간은 그것의 극히 일부분만을 반영할 수 있을 뿐입니다.

기도

사랑하는 하나님 아버지, 아버지께서는 지극히 거룩하시고 지극히 의로우시며, 아버지만이 온전히 믿고 의지할 분이시옵니다. 아버지의 사랑과 공의의 행동으로 말미암아 지금 내가 그리스도 예수 안에 있게 되었나이다. 아버지께서는 나로 하여금 그리스도와 깊이 연합하여 하나가 되게 하사, 아버지의 거룩하심과 순결하심을 내게 부어 주셨나이다! 아버지께서는 아들을 내게 주사 나를 아버지의 자녀로 삼아 주셨고, 성령을 주사 내 속에서 주님의 성품을 이루어 가시옵니다. 아버지께서는 나에게 아들의 영을 주사, 나로 하여금 더욱더 주님의 형상을 본받으며 주님을 닮아 가게 하셨나이다.

주님, 나의 매일의 삶 속에서 날마다 주님을 더욱더 닮기를 간절히 원하옵니다. 주님의 흠 없고 순결한 성품을 본받기 원하오며, 영광스럽고 아름다운 주님의 거룩하심으로 옷 입기를 원하옵니다.

주님, 오늘 이 시간 말씀을 통하여 주님의 거룩하심과 완전하심을 묵상하고 공부할 때, 거룩하신 하나님이시요 아버지이신 주님의 기이한 것들을 보게 하사, 나의 삶이 주님을 닮으며 나의 성품이 주님의 형상으로 변화되게 하옵소서. 아멘.

1. 구절 묵상

출애굽기 15:11

신명기 32:4

히브리서 7:26

히브리서 4:15

시편 99:3,5,9

2. 감명 깊은 구절

구절 묵상을 통해 당신에게 가장 감명을 주는 구절들의 전체 또는 일부를 성경에서 찾아 옮겨 적으십시오. 그리고 이 내용을 수시로 묵상하며 주님을 찬양하는 데 활용하십시오. (이후에도 하나님의 이 속성에 대해 잘 말해 주는 다른 구절이 있으면 추가하십시오.)

3. 관찰, 예화 및 인용문

4. 적용

5. 메모

단원 2

1. 아래 구절들을 찾아보고 묵상하십시오. 가장 마음에 와 닿은 구절을 단원 1의 '감명 깊은 구절'에 추가하십시오. 그 밖의 다른 구절들을 더 추가해 묵상해도 좋습니다.

   요한계시록 15:4

   이사야 6:1-3

   시편 24:3-4

   이사야 57:15

   히브리서 1:8-9

2. 감명 깊은 구절(또는 다른 묵상 구절)을 자신의 말로 간단히 요약하거나, 간단한 개요를 만드십시오.

3. 많은 사람들이 하나님의 이 속성을 모르기 때문에 하나님과 자기 자신과 삶에 관하여 갖게 되는 잘못된 생각은 무엇입니까?

4. 자신을 돌아보면서, 다음 질문에 답하십시오.

가. 내가 하나님의 이 속성을 신뢰하지 못할 때 빠지게 되는 잘못된 생각이나 감정을 든다면 구체적으로 무엇을 들 수 있는가? 내가 이러한 생각과 감정에 빠지도록 자주 나를 자극하는 상황이나 기억들로는 어떤 것이 있는가?

나. 머리로는 하나님이 이러하신 분이라고 동의하지만, 나는 과연 실제 삶으로도 이를 인정하고 있는가? 나의 태도나 행동에서, 하나님의 이 속성을 인정하지 못하고 있음을 보여 주는 것으로는 구체적으로 어떤 것이 있는가?

5. 문제 4에서 적은 당신의 필요와 연관하여 삶의 현장에서 즉각 사용할 수 있는 간단한 문구를 찾아 적으십시오.

6. 당신 가까이에 있는 사람들—가족이나 친지, 친구, 이웃, 또는 영적 자녀들—가운데 혹 하나님의 이 속성과 연관된 필요나 문제를 가진 사람이 있습니까? 어떻게 그가 하나님의 이 속성을 분명히 깨닫고 즐거워하며 삶에 실제적으로 반영하도록 도울 수 있겠습니까?

7. 당신의 삶 속에서 하나님의 이 속성을 경험할 수 있도록 기도하십시오. 이 진리에 대한 확신이 더욱 견고해지며, 이 진리로 말미암아 당신과 다른 사람들의 삶의 구체적인 필요가 채워지도록 기도하십시오. 기도 응답의 내용을 기록하십시오.

《하나님의 거룩하심과 완전하심에 대한 경험》

필요 또는 형편	하나님의 역사

7. 용서

단원 1

다른 사람들과 자기 자신을 용서하기를 배우는 것, 이것은 오늘날 그리스도인들이 맞고 있는 가장 큰 도전 중 하나입니다. 우리는 과거에 자신이 겪은 부당한 일들과 그로 인해 받은 상처에서 벗어나려고 힘겹게 싸우고 있습니다. 또한 자신의 결점과 실패를 받아들이기 위해 애쓰고 있습니다. 진실로 우리 대부분은 일생에 걸쳐, 용서를 하고 용서를 받는다는 것이 참으로 무슨 의미인지를 배워 나가고 있습니다.

이 사실을 알기에 우리는 용서가 하나님의 속성이라는 사실에 참으로 놀라움을 금할 수가 없습니다. 우리를 용서하시는 것은 하나님의 본성이십니다. 십자가상에서 이루신 그리스도의 구속 사역으로 말미암아 하나님께서는 언제든지 우리의 모든 죄와 잘못을 완전히 용서하실 준비가 되어 있으십니다. 우리 아버지 하나님의 이 놀라운 속성을 온전히 이해하게 된다면 우리 삶의 모든 영역에 그야말로 엄청난 변화가 일어나게 될 것입니다!

기도

아버지 하나님, 참으로 감사드리옵니다. 예수 그리스도께서 십자가에서 내 대신 나의 모든 죗값을 치러 주심으로 나의 모든 죄를 용서하시고 의롭다 하셨을 뿐 아니라, 성령을 내 마음속에 부어 주심으로 나를 의롭게 만들어 주셨나이다. 내가 심히 감사하옵는 것은, 나로 하여금 그리스도와 연합하여 한 몸이 되게 하사 하나님 앞에 점도 없고 흠도 없이 서게 하여 주셨음이니이다. 또한 그리스도 예수 안에 있는 나를 다시는 결코 정죄하지 않으심이니이다.

주님께서 나를 용서하여 주셨으니 내 영혼이 기뻐 뛰노나이다. 십자가에서 그리스도께서 나의 용서를 인치시고 죄의 종 된 상태에서 해방시켜 주셨음을 인하여 감사드리옵니다.

주님, 이 시간 이 공부를 해나갈 때 내 마음을 여시사 주님의 완전한 용서를 더욱 온전히 이해하고, 맛보고, 누리며, 즐거워하게 하여 주옵소서. 아멘.

1. 구절 묵상

요한복음 1:29

베드로전서 2:24

베드로전서 3:18

히브리서 8:12

시편 103:8-12

사도행전 10:43

로마서 8:1,33-34

2. 감명 깊은 구절

구절 묵상을 통해 당신에게 가장 감명을 주는 구절들의 전체 또는 일부를 성경에서 찾아 옮겨 적으십시오. 그리고 이 내용을 수시로 묵상하며 주님을 찬양하는 데 활용하십시오. (이후에도 하나님의 이 속성에 대해 잘 말해 주는 다른 구절이 있으면 추가하십시오.)

3. 관찰, 예화 및 인용문

4. 적용

5. 메모

단원 2

1. 아래 구절들을 찾아보고 묵상하십시오. 가장 마음에 와 닿은 구절을 단원 1의 '감명 깊은 구절'에 추가하십시오. 그 밖의 다른 구절들을 더 추가해 묵상해도 좋습니다.

   이사야 53:5-6

   이사야 1:18

   요한일서 1:9

   로마서 4:7-8

   미가 7:18

   시편 130:3-4

2. 감명 깊은 구절(또는 다른 묵상 구절)을 자신의 말로 간단히 요약하거나, 간단한 개요를 만드십시오.

3. 많은 사람들이 하나님의 이 속성을 모르기 때문에 하나님과 자기 자신과 삶에 관하여 갖게 되는 잘못된 생각은 무엇입니까?

4. 자신을 돌아보면서, 다음 질문에 답하십시오.

가. 내가 하나님의 이 속성을 신뢰하지 못할 때 빠지게 되는 잘못된 생각이나 감정을 든다면 구체적으로 무엇을 들 수 있는가? 내가 이러한 생각과 감정에 빠지도록 자주 나를 자극하는 상황이나 기억들로는 어떤 것이 있는가?

나. 머리로는 하나님이 이러하신 분이라고 동의하지만, 나는 과연 실제 삶으로도 이를 인정하고 있는가? 나의 태도나 행동에서, 하나님의 이 속성을 인정하지 못하고 있음을 보여 주는 것으로는 구체적으로 어떤 것이 있는가?

5. 문제 4에서 적은 당신의 필요와 연관하여 삶의 현장에서 즉각 사용할 수 있는 간단한 문구를 찾아 적으십시오.

6. 당신 가까이에 있는 사람들—가족이나 친지, 친구, 이웃, 또는 영적 자녀들—가운데 혹 하나님의 이 속성과 연관된 필요나 문제를 가진 사람이 있습니까? 어떻게 그가 하나님의 이 속성을 분명히 깨닫고 즐거워하며 삶에 실제적으로 반영하도록 도울 수 있겠습니까?

7. 당신의 삶 속에서 하나님의 이 속성을 경험할 수 있도록 기도하십시오. 이 진리에 대한 확신이 더욱 견고해지며, 이 진리로 말미암아 당신과 다른 사람들의 삶의 구체적인 필요가 채워지도록 기도하십시오. 기도 응답의 내용을 기록하십시오.

《하나님의 용서에 대한 경험》

필요 또는 형편	하나님의 역사

8. 선하심과 후히 주심

단원 1

성경에 나타나 있는 하나님의 마음을 알게 되면, 우리는 자신의 필요를 채우기 위해 하나님을 바라보는 것이 이기적인 태도가 아님을 깨닫게 됩니다. 진실로 주님께서는 주시기를 좋아하십니다. 주님께서는 싫은데도 마지못해 주시는 분이 아닙니다. 우리에게 아무리 주어도 주님의 자원은 절대 바닥나지 않으며, 주님께서는 감사함으로 받는 자에게 더 많이 베풀어 주시기를 기뻐하십니다. 주님께서는 우리가 믿음으로 우리에게 필요한 모든 것을 채움받기를 원하십니다. 신체적인 것이든, 정서적인 것이든, 영적인 것이든, 무엇이든지 믿음으로 받아 누리기를 바라십니다. 사랑과 능력이 무한하신 주님께서는 우리가 믿음으로 구할 때 크든 작든 우리의 모든 필요를 후히 채워 주기를 기뻐하시는 분이십니다. 매일의 삶 속에서 선하시고 후히 주시는 주님을 경험해 보십시오. 우리의 삶은 주님의 선하심과 후히 주심을 나타내 보여 주는, 산 현장입니다.

기도

주님, 주님께서는 소망의 하나님이시며, 나를 위하여 선한 계획과 목표를 가지고 계시며, 약속을 하시고 그 약속을 지키시는 분이시옵니다. 내 눈을 열어서 주님께서 얼마나 선하시고 후히 주시는 분이신지를 날마다 새롭게 보게 하옵소서. 또한, 주님께서 내 삶에 허락하신 시련들 속에서 주님의 선하심을 보게 하시고, 주님께서 이 시련을 사용하여 주님의 때에 나를 부요케 하시며 주님께 대한 나의 믿음을 깊게 하여 주실 것을 믿음으로 잠잠히 기다리게 하여 주옵소서.

날마다 내 안에, 선하시고 후히 주시는 주님을 기쁨으로 의지하는 마음을 창조하옵소서. 내 안에 주님을 향한 사랑이 흘러넘치게 하여 주옵소서. 혹 내 안에 주님의 선하심과 후히 주심을 믿지 못하게 하는 것이 있으면 모두 제거하여 주옵소서.

이 시간 주님의 선하심과 후히 주심에 대하여 묵상하며 공부할 때 새로운 통찰력을 주셔서 주님께서 얼마나 선하시며 후히 주시는 분인지를 더 깊이 깨닫게 하여 주옵소서. 아멘.

1. 구절 묵상

시편 31:19

시편 145:7-9

시편 23:6

시편 84:11

로마서 8:28-29,32

예레미야 29:11

2. 감명 깊은 구절

구절 묵상을 통해 당신에게 가장 감명을 주는 구절들의 전체 또는 일부를 성경에서 찾아 옮겨 적으십시오. 그리고 이 내용을 수시로 묵상하며 주님을 찬양하는 데 활용하십시오. (이후에도 하나님의 이 속성에 대해 잘 말해 주는 다른 구절이 있으면 추가하십시오.)

3. 관찰, 예화 및 인용문

4. 적용

5. 메모

단원 2

1. 아래 구절들을 찾아보고 묵상하십시오. 가장 마음에 와 닿은 구절을 단원 1의 '감명 깊은 구절'에 추가하십시오. 그 밖의 다른 구절들을 더 추가해 묵상해도 좋습니다.

   시편 34:8-10

   시편 107:8-9

   야고보서 1:5,17

   시편 86:5

2. 감명 깊은 구절(또는 다른 묵상 구절)을 자신의 말로 간단히 요약하거나, 간단한 개요를 만드십시오.

3. 많은 사람들이 하나님의 이 속성을 모르기 때문에 하나님과 자기 자신과 삶에 관하여 갖게 되는 잘못된 생각은 무엇입니까?

4. 자신을 돌아보면서, 다음 질문에 답하십시오.

가. 내가 하나님의 이 속성을 신뢰하지 못할 때 빠지게 되는 잘못된 생각이나 감정을 든다면 구체적으로 무엇을 들 수 있는가? 내가 이러한 생각과 감정에 빠지도록 자주 나를 자극하는 상황이나 기억들로는 어떤 것이 있는가?

나. 머리로는 하나님이 이러하신 분이라고 동의하지만, 나는 과연 실제 삶으로도 이를 인정하고 있는가? 나의 태도나 행동에서, 하나님의 이 속성을 인정하지 못하고 있음을 보여 주는 것으로는 구체적으로 어떤 것이 있는가?

5. 문제 4에서 적은 당신의 필요와 연관하여 삶의 현장에서 즉각 사용할 수 있는 간단한 문구를 찾아 적으십시오.

6. 당신 가까이에 있는 사람들—가족이나 친지, 친구, 이웃, 또는 영적 자녀들—가운데 혹 하나님의 이 속성과 연관된 필요나 문제를 가진 사람이 있습니까? 어떻게 그가 하나님의 이 속성을 분명히 깨닫고 즐거워하며 삶에 실제적으로 반영하도록 도울 수 있겠습니까?

7. 당신의 삶 속에서 하나님의 이 속성을 경험할 수 있도록 기도하십시오. 이 진리에 대한 확신이 더욱 견고해지며, 이 진리로 말미암아 당신과 다른 사람들의 삶의 구체적인 필요가 채워지도록 기도하십시오. 기도 응답의 내용을 기록하십시오.

《하나님의 선하심과 후히 주심에 대한 경험》

필요 또는 형편	하나님의 역사

9. 절대주권

단원 1

하나님께서 절대주권을 가지신 분이심을 안다는 것은 얼마나 좋은 일인지 모릅니다. 전능하신 왕이신 주님께서 친히 우리의 보호자가 되어 주시며 우리 편이 되어 주십니다. 주님께서는 우리의 원수를 갚아 주시는 분이시요, 용사시요, 후히 베풀어 주시는 분이십니다. 하나님께서 절대주권을 가지고 계신다는 말은, 하나님의 권세는 이 세상의 그 어떤 권세보다 뛰어나다는 말입니다. 하나님께서는 자기의 권세를 행사하실 때 외부의 영향에서 완전히 자유로우십니다. 하나님께서는 모든 일에 그 마음의 원대로 역사하시는 분이십니다.

하나님께서 사랑이 무궁하시며 은혜로우시며 자비로우신 분이심을 우리가 온전히 확신하지 못하면, 하나님의 절대주권은 무서운 것이 될 수도 있습니다. 진실로, 하나님께서는 항상 그 절대주권을 우리를 위하여, 우리의 유익을 위하여 행사하십니다.

기도

주님, 이 타락한 세상에서 수많은 일들이 내게 일어나지만, 나를 사랑하시는 주님의 절대주권적인 허락이 없이 일어나는 것은 아무것도 없사옵니다. 이 모든 것은 주님의 사랑 가운데 나의 유익을 위하여 허락된 것이옵니다. 주님의 행사는 너무도 기이하여 주님께서 왜 그리하시는지 아는 자가 아무도 없나이다. 나의 온갖 약점, 스트레스, 환난 뒤에 주님의 절대주권적 섭리와 사랑이 있음을 아는 것은 기쁨이요 즐거움이옵니다.

오늘 이 시간 주님의 이 속성을 공부할 때 내 마음 눈을 밝히사 주님의 절대주권을 더욱 온전히 믿고 의뢰하게 하시며, 그것이 얼마나 놀랍고 복된 것인지를 보게 하여 주옵소서. 아멘.

1. 구절 묵상

이사야 46:9-10

다니엘 2:20-21

다니엘 4:34-35

마태복음 28:18

로마서 8:28

2. 감명 깊은 구절

구절 묵상을 통해 당신에게 가장 감명을 주는 구절들의 전체 또는 일부를 성경에서 찾아 옮겨 적으십시오. 그리고 이 내용을 수시로 묵상하며 주님을 찬양하는 데 활용하십시오. (이후에도 하나님의 이 속성에 대해 잘 말해 주는 다른 구절이 있으면 추가하십시오.)

3. 관찰, 예화 및 인용문

4. 적용

5. 메모

단원 2

1. 아래 구절들을 찾아보고 묵상하십시오. 가장 마음에 와 닿은 구절을 단원 1의 '감명 깊은 구절'에 추가하십시오. 그 밖의 다른 구절들을 더 추가해 묵상해도 좋습니다.

   시편 33:9-11

   사도행전 17:24-26

   요한계시록 3:7-8

   욥기 23:13-14

   창세기 50:20

2. 감명 깊은 구절(또는 다른 묵상 구절)을 자신의 말로 간단히 요약하거나, 간단한 개요를 만드십시오.

3. 많은 사람들이 하나님의 이 속성을 모르기 때문에 하나님과 자기 자신과 삶에 관하여 갖게 되는 잘못된 생각은 무엇입니까?

4. 자신을 돌아보면서, 다음 질문에 답하십시오.

가. 내가 하나님의 이 속성을 신뢰하지 못할 때 빠지게 되는 잘못된 생각이나 감정을 든다면 구체적으로 무엇을 들 수 있는가? 내가 이러한 생각과 감정에 빠지도록 자주 나를 자극하는 상황이나 기억들로는 어떤 것이 있는가?

나. 머리로는 하나님이 이러하신 분이라고 동의하지만, 나는 과연 실제 삶으로도 이를 인정하고 있는가? 나의 태도나 행동에서, 하나님의 이 속성을 인정하지 못하고 있음을 보여 주는 것으로는 구체적으로 어떤 것이 있는가?

5. 문제 4에서 적은 당신의 필요와 연관하여 삶의 현장에서 즉각 사용할 수 있는 간단한 문구를 찾아 적으십시오.

6. 당신 가까이에 있는 사람들—가족이나 친지, 친구, 이웃, 또는 영적 자녀들—가운데 혹 하나님의 이 속성과 연관된 필요나 문제를 가진 사람이 있습니까? 어떻게 그가 하나님의 이 속성을 분명히 깨닫고 즐거워하며 삶에 실제적으로 반영하도록 도울 수 있겠습니까?

7. 당신의 삶 속에서 하나님의 이 속성을 경험할 수 있도록 기도하십시오. 이 진리에 대한 확신이 더욱 견고해지며, 이 진리로 말미암아 당신과 다른 사람들의 삶의 구체적인 필요가 채워지도록 기도하십시오. 기도 응답의 내용을 기록하십시오.

《하나님의 절대주권에 대한 경험》

필요 또는 형편	하나님의 역사

10. 은혜와 자비

단원 1

하나님은 은혜로우시고 자비로우십니다. 우리를 향한 하나님의 은혜와 자비는 영원합니다. 주님께서 우리에게 은혜와 자비를 베풀어 주시는 까닭은 주님만이 만물의 유일한 근원이시기 때문입니다. 주님께서 만드신 피조물은 주님의 공급이 없으면 더 이상 존재할 수 없습니다. 뿐만 아니라 주님께서는 이 모든 것을 거저 주시는데, 그 까닭은 그것이 주님의 변할 수 없는 본성이시기 때문입니다. 참으로 기쁘고 감사한 것은 주님께서는 결단코 우리에게 주시기를 그만두지 않으신다는 사실입니다.

우리는 하나님의 은혜와 자비가 필요할 때에야 하나님께 나아갑니다. 사실 우리는 하나님의 은혜와 자비가 없이는 한순간도 살아갈 수 없습니다. 하나님께서 매순간 우리에게 베풀어 주시는 은혜와 자비는 측량할 길이 없습니다. 우리는 측량할 수 없는 주님의 은혜와 자비를 누리며 살지만, 그 은혜와 자비를 받을 만한 자격이 없습니다. 우리는 우리의 모든 존재를 주님께 빚지고 있습니다. 우리가 숨 쉬며 살아가고 있는 것은 모두가 주님의 은혜 덕분입니다.

지금 우리의 우리 된 것은 다 하나님의 은혜로 된 것입니다. 오늘의 우리가 있게 된 것은 오로지 하나님께서 자비와 은혜를 베풀어 주신 덕분입니다. 우리의 모든 섬김도 주님의 은혜로 된 것입니다. 따라서 모든 영광을 주님께 돌려야 마땅합니다. 주님께 우리의 모든 것을 드린다 해도 주님께서 우리에게 베풀어 주신 은혜와 자비를 갚을 길은 없습니다.

기도

아버지 하나님, 매일 매순간 나에게 베풀어 주시는 주님의 강 같은 은혜를 인하여 감사드리옵니다. 언제나 은혜의 강물이 주님께로부터 흘러나와 내 영혼을 흠뻑 적시나이다. 주님의 은혜가 내게 족하나이다. 주님, 시시로 주님의 은혜의 보좌 앞에 무릎을 꿇고 나의 영혼을 있는 그대로 쏟아 놓으며, 두 손 들고 때를 따라 도우시는 주님의 은혜를 간구할 수 있다는 사실 자체만으로도 너무도 감사하나이다. 주님께서는 그때마다 내 영혼을 주님의 은혜로 가득 채워 주시옵니다. 주님께서 무한한 은혜의 공급처이심을 알기에, 내 영혼이 주님 앞에 모든 짐을 내려놓고 긴장을 풀며 편히 쉴 수 있나이다.

주님, 주님의 은혜를 더욱 온전히 경험하기를 간절히 원하옵니다. 나의 평생 사는 날 동안 늘 주님의 은혜를 맛보며 살기를 갈망하나이다.

오늘 이 시간 주님의 말씀을 공부할 때 주님의 어떠하심을 내게 나타내 보여 주옵소서. 은혜의 주님을 더욱 깊이 알게 하여 주옵소서. 아멘.

1. 구절 묵상

요한복음 1:14-16

고린도후서 12:9

에베소서 1:2-8

히브리서 4:16

데살로니가후서 2:16-17

2. 감명 깊은 구절

구절 묵상을 통해 당신에게 가장 감명을 주는 구절들의 전체 또는 일부를 성경에서 찾아 옮겨 적으십시오. 그리고 이 내용을 수시로 묵상하며 주님을 찬양하는 데 활용하십시오. (이후에도 하나님의 이 속성에 대해 잘 말해 주는 다른 구절이 있으면 추가하십시오.)

3. 관찰, 예화 및 인용문

4. 적용

5. 메모

단원 2

1. 아래 구절들을 찾아보고 묵상하십시오. 가장 마음에 와 닿은 구절을 단원 1의 '감명 깊은 구절'에 추가하십시오. 그 밖의 다른 구절들을 더 추가해 묵상해도 좋습니다.

   베드로후서 1:2-3

   에베소서 2:4-9

   로마서 5:17

   고린도후서 3:5

   베드로전서 5:10

2. 감명 깊은 구절(또는 다른 묵상 구절)을 자신의 말로 간단히 요약하거나, 간단한 개요를 만드십시오.

3. 많은 사람들이 하나님의 이 속성을 모르기 때문에 하나님과 자기 자신과 삶에 관하여 갖게 되는 잘못된 생각은 무엇입니까?

4. 자신을 돌아보면서, 다음 질문에 답하십시오.

   가. 내가 하나님의 이 속성을 신뢰하지 못할 때 빠지게 되는 잘못된 생각이나 감정을 든다면 구체적으로 무엇을 들 수 있는가? 내가 이러한 생각과 감정에 빠지도록 자주 나를 자극하는 상황이나 기억들로는 어떤 것이 있는가?

   나. 머리로는 하나님이 이러하신 분이라고 동의하지만, 나는 과연 실제 삶으로도 이를 인정하고 있는가? 나의 태도나 행동에서, 하나님의 이 속성을 인정하지 못하고 있음을 보여 주는 것으로는 구체적으로 어떤 것이 있는가?

5. 문제 4에서 적은 당신의 필요와 연관하여 삶의 현장에서 즉각 사용할 수 있는 간단한 문구를 찾아 적으십시오.

6. 당신 가까이에 있는 사람들—가족이나 친지, 친구, 이웃, 또는 영적 자녀들—가운데 혹 하나님의 이 속성과 연관된 필요나 문제를 가진 사람이 있습니까? 어떻게 그가 하나님의 이 속성을 분명히 깨닫고 즐거워하며 삶에 실제적으로 반영하도록 도울 수 있겠습니까?

7. 당신의 삶 속에서 하나님의 이 속성을 경험할 수 있도록 기도하십시오. 이 진리에 대한 확신이 더욱 견고해지며, 이 진리로 말미암아 당신과 다른 사람들의 삶의 구체적인 필요가 채워지도록 기도하십시오. 기도 응답의 내용을 기록하십시오.

《하나님의 은혜와 자비에 대한 경험》

필요 또는 형편	하나님의 역사

11. 신실(성실)하심

단원 1

오랫동안 많은 이의 사랑을 받아 온 찬송시 하나가 하나님의 신실하심을 아름답게 표현하고 있습니다.

오 하나님, 내 아버지시여,
주님의 신실하심이 어찌 그리 크신지요.
주님께는 회전하는 그림자도 없으시나이다.
주님께서는 변하지 않으시며, 주님의 긍휼은 다함이 없으시나이다.
주님께서는 지금까지 언제나 신실하시었고,
앞으로도 영원히 신실하시리이다.

아직까지 이보다 더 진실한 표현을 보지 못했습니다. 우리 주님께서는 모든 존재 가운데 가장 신실하신 분이십니다. 영원토록 살아 계셔서 인자와 진실과 공의로 행하기를 기뻐하시는 분이십니다. 때로 인생이 뜻대로 되지 않을 때 우리는 좌절감을 느끼며, "주님, 주님은 어디 계십니까? 나는 혼자입니다. 너무도 외롭습니다"라고 불평할지라도, 사실 우리는 결코 혼자가 아니며 결코 버림을 받은 것이 아닙니다. 우리가 인생에서 겪는 모든 성공과 실패, 모든 승리와 패배를 주님께서는 우리의 손을 잡으시고 함께 통과하십니다. 진실로 주님의 신실하심은 어찌 그리 크신지 모릅니다!

기도

주님, 내가 심히 감사하옵는 것은, 내가 주님을 온전히 믿고 의지할 수 있기 때문이옵니다. 주님께서는 언제나 신실하신 분이심을 내가 아옵나이다. 주님께서는 나를 극진히 사랑하사 주님의 생명을 주셨사오며 나로 주님과 하나가 되게 하셨나이다. 주님은 내게 속하였고 나는 주님께 속하였나이다. 이 세상에 주님의 사랑에서 나를 끊을 수 있는 것을 아무것도 없나이다. 주님께서는 의로운 손으로 나를 꼭 붙드시며 나를 평생토록 인도하시나이다. 주님께서 나를 의롭다 하셨으니 누가 나를 정죄하리이까? 이 몸이 이토록 주님의 사랑을 받고 있사온데, 내가 주님 앞에서 중요한 존재요, 주님 안에서 안전하며, 주님께서 나를 돌보고 계심을 어찌 의심하리이까? 다른 무슨 증거가 필요하리이까? 주님께서는 영원토록 변치 않으시고 신실하신 분이심을 알기에, 아무리 고통스럽고 불공평해 보이는 상황을 만나더라도 기뻐할 수 있사옵니다.

은혜로우신 아버지 하나님, 오늘 이 시간 이 공부를 통하여 나로 하여금 주님을 더욱 깊이 알게 하시고, 주님께 대한 확신과 믿음이 더욱 깊어지게 하옵소서. 아멘.

1. 구절 묵상

예레미야애가 3:22-23

민수기 23:19

히브리서 6:17-19

신명기 7:9

시편 89:1-2

2. 감명 깊은 구절

구절 묵상을 통해 당신에게 가장 감명을 주는 구절들의 전체 또는 일부를 성경에서 찾아 옮겨 적으십시오. 그리고 이 내용을 수시로 묵상하며 주님을 찬양하는 데 활용하십시오. (이후에도 하나님의 이 속성에 대해 잘 말해 주는 다른 구절이 있으면 추가하십시오.)

3. 관찰, 예화 및 인용문

4. 적용

5. 메모

단원 2

1. 아래 구절들을 찾아보고 묵상하십시오. 가장 마음에 와 닿은 구절을 단원 1의 '감명 깊은 구절'에 추가하십시오. 그 밖의 다른 구절들을 더 추가해 묵상해도 좋습니다.

   빌립보서 1:6

   데살로니가전서 5:23-24

   데살로니가후서 3:3

   이사야 49:14-16

   여호수아 21:45

   시편 119:89-91

2. 감명 깊은 구절(또는 다른 묵상 구절)을 자신의 말로 간단히 요약하거나, 간단한 개요를 만드십시오.

3. 많은 사람들이 하나님의 이 속성을 모르기 때문에 하나님과 자기 자신과 삶에 관하여 갖게 되는 잘못된 생각은 무엇입니까?

4. 자신을 돌아보면서, 다음 질문에 답하십시오.

가. 내가 하나님의 이 속성을 신뢰하지 못할 때 빠지게 되는 잘못된 생각이나 감정을 든다면 구체적으로 무엇을 들 수 있는가? 내가 이러한 생각과 감정에 빠지도록 자주 나를 자극하는 상황이나 기억들로는 어떤 것이 있는가?

나. 머리로는 하나님이 이러하신 분이라고 동의하지만, 나는 과연 실제 삶으로도 이를 인정하고 있는가? 나의 태도나 행동에서, 하나님의 이 속성을 인정하지 못하고 있음을 보여 주는 것으로는 구체적으로 어떤 것이 있는가?

5. 문제 4에서 적은 당신의 필요와 연관하여 삶의 현장에서 즉각 사용할 수 있는 간단한 문구를 찾아 적으십시오.

6. 당신 가까이에 있는 사람들—가족이나 친지, 친구, 이웃, 또는 영적 자녀들—가운데 혹 하나님의 이 속성과 연관된 필요나 문제를 가진 사람이 있습니까? 어떻게 그가 하나님의 이 속성을 분명히 깨닫고 즐거워하며 삶에 실제적으로 반영하도록 도울 수 있겠습니까?

7. 당신의 삶 속에서 하나님의 이 속성을 경험할 수 있도록 기도하십시오. 이 진리에 대한 확신이 더욱 견고해지며, 이 진리로 말미암아 당신과 다른 사람들의 삶의 구체적인 필요가 채워지도록 기도하십시오. 기도 응답의 내용을 기록하십시오.

《하나님의 신실(성실)하심에 대한 경험》

필요 또는 형편	하나님의 역사

12. 존귀와 영광

단원 1

시편 기자는 이렇게 말합니다. "하늘이 하나님의 영광을 선포하고 궁창이 그 손으로 하신 일을 나타내는도다"(시편 19:1). 성경의 마지막 책인 요한계시록에 보면 천사들이 큰 소리로 이렇게 노래합니다. "죽임을 당하신 어린양이 능력과 부와 지혜와 힘과 존귀와 영광과 찬송을 받으시기에 합당하도다"(요한계시록 5:12). 하나님의 이 두 속성 즉 존귀와 영광은 성경 전체에 걸쳐 나타나 있으며, 성경 기자들은 가장 아름답고 힘찬 언어로 주님께서 얼마나 존귀하고 영광스러운 분이신지를 표현하고 있습니다.

우리는 하나님을 친구라 부를 수 있는 귀한 특권을 받았습니다. 하지만 우리는 만왕의 왕이신 주 하나님께 모든 찬송과 존귀와 영광과 능력을 세세토록 돌려 드려야 마땅합니다. 주님께서는 홀로 이 모든 것을 받으시기에 합당하신 분이십니다.

기도

주님, 내가 겸손히 주님 앞에 엎드려 절하옵는 것은, 주님께서는 지극히 높으시고 크시고 광대하심이니이다. 나는 가난하고 궁핍하오며 주님을 떠나서는 한순간도 살 수 없나이다. 진실로, 주님께서는 나의 뼈를 세우시고 모든 기관을 지으시며 세포 하나까지도 주관하시옵니다. 내가 주님 안에 거하고 주님께서 내 안에 거하시면 많은 열매를 맺을 수 있지만, 주님을 떠나서는 주님 앞에서 기뻐하시는 것을 아무것도 할 수 없나이다.

주님께서는 전능하시며 지극히 거룩하시옵니다. 주님께서는 지극히 영광스러운 분이시며, 만물이 주님을 사모하나이다. 주님께서는 우리에게 필요한 모든 것의 원천이시옵니다. 모든 선한 것이 주님께로부터 나오며, 주님께서는 만물을 다스리시나이다. 그러기에 내가 통회하는 심령과 겸손한 마음으로 주님 앞에 나아가 나의 모든 것을 주님께 드리며 굴복하나이다. 나의 마음을 활짝 열고 온 몸으로 주님의 뜻을 받아들이나이다. 나를 위한 주님의 계획을 기쁜 마음으로 받아들이나이다. 고통과 고난까지도 나를 위한 것임을 믿고 받아들이나이다.

주님, 이 시간 이 공부를 할 때 내게 놀라운 은혜를 베푸사, 주님께서 얼마나 존귀하시고 영광스러운 분이신지를 온전히 보게 하시고, 이로 말미암아 내 삶이 변화되게 하여 주옵소서. 아멘.

1. 구절 묵상

요한계시록 4:11

요한계시록 5:12-14

골로새서 1:15-20

시편 96:7-10

예레미야 10:6-7

2. 감명 깊은 구절

구절 묵상을 통해 당신에게 가장 감명을 주는 구절들의 전체 또는 일부를 성경에서 찾아 옮겨 적으십시오. 그리고 이 내용을 수시로 묵상하며 주님을 찬양하는 데 활용하십시오. (이후에도 하나님의 이 속성에 대해 잘 말해 주는 다른 구절이 있으면 추가하십시오.)

3. 관찰, 예화 및 인용문

4. 적용

5. 메모

단원 2

1. 아래 구절들을 찾아보고 묵상하십시오. 가장 마음에 와 닿은 구절을 단원 1의 '감명 깊은 구절'에 추가하십시오. 그 밖의 다른 구절들을 더 추가해 묵상해도 좋습니다.

   베드로후서 1:17

   히브리서 1:4-13

   이사야 9:6-7

   빌립보서 2:6-11

   시편 100편

   시편 89:6-8

2. 감명 깊은 구절(또는 다른 묵상 구절)을 자신의 말로 간단히 요약하거나, 간단한 개요를 만드십시오.

3. 많은 사람들이 하나님의 이 속성을 모르기 때문에 하나님과 자기 자신과 삶에 관하여 갖게 되는 잘못된 생각은 무엇입니까?

4. 자신을 돌아보면서, 다음 질문에 답하십시오.

가. 내가 하나님의 이 속성을 신뢰하지 못할 때 빠지게 되는 잘못된 생각이나 감정을 든다면 구체적으로 무엇을 들 수 있는가? 내가 이러한 생각과 감정에 빠지도록 자주 나를 자극하는 상황이나 기억들로는 어떤 것이 있는가?

나. 머리로는 하나님이 이러하신 분이라고 동의하지만, 나는 과연 실제 삶으로도 이를 인정하고 있는가? 나의 태도나 행동에서, 하나님의 이 속성을 인정하지 못하고 있음을 보여 주는 것으로는 구체적으로 어떤 것이 있는가?

5. 문제 4에서 적은 당신의 필요와 연관하여 삶의 현장에서 즉각 사용할 수 있는 간단한 문구를 찾아 적으십시오.

6. 당신 가까이에 있는 사람들—가족이나 친지, 친구, 이웃, 또는 영적 자녀들—가운데 혹 하나님의 이 속성과 연관된 필요나 문제를 가진 사람이 있습니까? 어떻게 그가 하나님의 이 속성을 분명히 깨닫고 즐거워하며 삶에 실제적으로 반영하도록 도울 수 있겠습니까?

7. 당신의 삶 속에서 하나님의 이 속성을 경험할 수 있도록 기도하십시오. 이 진리에 대한 확신이 더욱 견고해지며, 이 진리로 말미암아 당신과 다른 사람들의 삶의 구체적인 필요가 채워지도록 기도하십시오. 기도 응답의 내용을 기록하십시오.

《하나님의 존귀와 영광에 대한 경험》

필요 또는 형편	하나님의 역사

13. 복습

단원 1

그동안 살펴본 하나님의 속성들을 기도하는 마음으로 복습하십시오.

기도

사랑하는 아버지 하나님, 이 공부를 통하여 주님을 더 깊이 알고, 주님의 속성들을 더 잘 알 수 있는 특권을 주셔서 감사드리옵니다. 지금까지 공부한 것을 복습할 때에, 주님의 말씀이 나의 심령을 사로잡게 하시고, 나의 삶을 변화시키사 더욱 주님을 닮게 하옵소서. 날이 가고 달이 가고 해가 갈수록 지금까지 공부한 진리의 말씀들을 통하여 나의 삶을 더욱 부요하게 하여 주옵소서. 아멘.

1. 그동안 구절 묵상을 통해 살펴본 말씀들을 기도하는 마음으로 복습하십시오. 그러고 나서 하나님의 속성을 아래와 같이 두 가지로 분류해 보십시오. (모든 속성을 다 이렇게 분류할 수는 없을 것입니다.)

   1) 강한 속성

   2) 부드러운 속성

2. 하나님의 강한 속성을 보여 주는 말씀들 가운데 가장 인상적인 구절 두세 개를 골라 아래에 장절과 함께 그 내용을 옮겨 적으십시오.

3. 하나님의 부드러운 속성을 보여 주는 말씀들 가운데 가장 인상적인 구절 두세 개를 골라 아래에 장절과 함께 그 내용을 옮겨 적으십시오.

4. 앞서 12가지의 하나님의 속성에 대한 공부를 하면서 적용한 내용 가운데 이번 주 동안 집중적으로 기도하며 적용하기 원하는 내용은 무엇입니까?

5. 하나님은 당신의 마음과 뜻과 성품과 힘을 다해 사랑하고 섬기며 찬양과 경배를 받으시기에 합당하십니다. 이것을 가장 잘 느끼게 해주는 구절을 골라 옮겨 적거나 요약하십시오.

6. 하나님의 여러 속성에 대해 살펴보면서 당신이 하나님께 헌신해야 되겠다고 느끼는 구체적인 삶의 영역은 무엇입니까? 당신의 우선순위, 대인관계, 소원, 장래 계획…은 어떻습니까? 당신 '자신'은 어떻습니까? 당신은 정말로 하나님을 만유의 주(主)로 인정하고 있습니까?

단원 2

1. 열두 개의 요약 또는 개요(각 과의 단원 2의 문제 2)를 복습하고, 당신이 하나님에 대하여 배운 바를 간략하게 요약하거나 개요를 작성해 보십시오.

2. 각 과의 단원 2의 문제 4와 5를 복습하고, 당신이 가장 기억하고 활용하기 원하는 것을 하나 옮겨 적으십시오.

3. 지금까지 공부한 속성들을 다시 돌아보면서, 다음 질문에 간략하게 답하십시오.
   가. 이 공부가 하나님에 대한 잘못된 개념, 하나님에 대한 두려움, 하나님에 대한 거부감 등을 극복하는 데 어떤 도움을 주었는가?

   나. 이 공부가 내 자신에 대한 나의 생각이나 느낌에 어떤 영향을 주었는가?

다. 다시 복습하면서 새롭게 와 닿은 진리나 새롭게 관찰된 것은 무엇인가?

4. 친구나 어린 그리스도인에게 편지를 써서, 복습을 하면서 배운 것을 나누어 보십시오. 또한, 당신이 배운 바를 당신의 삶에 적용할 수 있도록 그에게 기도를 부탁하십시오. 편지를 쓰고 싶은 사람들의 이름을 적어 보십시오.

5. (선택) 시편 145편에서 다윗은 자신이 하나님 안에서 발견한 위엄과 긍휼을 즐거이 찬양하고 있습니다. 기도하는 마음으로 이 시편을 읽으면서, 다윗이 하나님을 어떤 분으로 묘사하며, 하나님께 어떤 반응을 보이는지 주의 깊게 살펴보십시오. 그런 다음, 하나님의 두 속성을 묘사하는 단어나 어구를 아래에 기록하십시오.

강한 속성	부드러운 속성

6. (선택) 시편 145편에서 발견한 하나님에 비추어 볼 때,

가. 당신은 하나님께 어떻게 반응하여야 하겠습니까?

나. 사람들과 연관해서는 어떻게 해야 하겠습니까?

그러므로 형제들아, 내가 하나님의 모든 자비하심으로 너희를 권하노니, 너희 몸을 하나님이 기뻐하시는 거룩한 산제사로 드리라. 이는 너희의 드릴 영적 예배니라. 너희는 이 세대를 본받지 말고 오직 마음을 새롭게 함으로 변화를 받아 하나님의 선하시고 기뻐하시고 온전하신 뜻이 무엇인지 분별하도록 하라.

- 로마서 12:1-2

나, 그분의 부르심을 들었네.
"나를 따라오너라."
그게 전부였다네.
나의 금, 빛을 잃었고,
나의 영혼, 그분으로 뜨거워져,
나, 일어나 따라갔네.
그게 전부였다네.
그 누가 따라가지 않으리?
그분의 부르심을 듣고.

- 윌리엄 뉴웰

다음 공부를 위한 제안

본서를 통해 당신은 하나님의 몇 가지 속성을 묵상하고 공부하면서 하나님과의 관계를 더 깊게 하는 기회가 되었을 것입니다. 시간이 지나면서 당신은 우리 주 하나님에 대해 더 공부하고픈 생각이 들었을 것입니다. 이를테면, 하나님의 본성과 속성, 성품, 이름, 칭호, 하시는 일, 계획, 당신을 향한 관심 등 더 알고 싶은 게 많을 것입니다. 살아가면서 본서에서 공부하지 않은 것 중에 더 자세히 공부하고 싶은 주제가 떠오르면 아래 빈칸에 적어 두었다가 나중에 공부해 보기 바랍니다. 많은 도움이 될 것입니다.

참조 구절	주제

참고 도서

하나님을 깊이 아는 데 도움이 되는, 저자의 다른 책

찬양-하나님의 존전으로 통하는 문, 워렌 & 룻 마이어즈.

찬양의 31일, 룻 마이어즈.

기도의 31일, 워렌 & 룻 마이어즈.

효과적인 기도, 워렌 & 룻 마이어즈.

완전한 사랑, 룻 마이어즈.

묵상과 성경공부에 도움이 되는 책

묵상, 짐 다우닝.

네비게이토 성경공부 방법, 네비게이토 출판사.

저자 소개

저자인 워렌과 룻 마이어즈 부부는 선교사로서 주님의 복음을 위하여 평생을 바쳤습니다. 그들은 주로 아시아에서 그리스도의 제자를 삼고 일꾼을 배가함으로 그리스도의 지상사명을 성취하는 일에 헌신하였습니다.

남편인 워렌은 제2차 세계대전이 끝나기 직전 미국 육군항공대에서 복무하던 중 예수 그리스도를 개인의 구세주로 영접하였습니다. 전쟁이 끝나고 대학에서 네비게이토 성경공부에 참석하면서 영적으로 성장하였고, 해외 선교사로서 주님을 섬기기로 헌신하였습니다.

그는 1949년 대학을 졸업하고 네비게이토 간사가 되어 3년 동안 훈련을 받으며 사역을 하였고, 마침내 1952년 선교사로 아시아에 파송되어, 일생의 거의 대부분을 홍콩, 인도, 베트남 등 아시아에서 보내다가 2001년 주님께로 돌아갔습니다.

아내인 룻은 10세 때 어머니의 인도로 예수님을 개인의 구세주로 영접한 후, 16세 때 하나님께서 원하시면 무엇이든지, 그것이 해외에 선교사로 나가는 것일지라도, 기꺼이 순종하겠다고 헌신하였습니다. 그 후 영적으로 성장하기 시작하였고, 네비게이토 간사로 주님을 섬기게 되었으며, 남편과 함께 아시아에서 그리스도의 제자를 삼고 일꾼을 배가하는 일에 헌신하였습니다. 노년의 나이에도 저자는 끊임없이 하나님을 더 깊이 알기를 갈망하고 있으며, 하나님의 사랑은 참으로 완전하다는 것을 배우고 있습니다. 그 결과가 '완전한 사랑'이라는 책입니다.

하나님의 속성을 경험함

2008년 12월 26일 초판 1쇄 발행
2009년 4월 20일 초판 2쇄 발행

펴낸곳: 네비게이토 출판사 ©
펴낸이: 조 성 동
주소: 120-600 서울 서대문 우체국 사서함 27호
120-836 서울시 서대문구 창천동 497
전화: 334-3305(대표), 334-3037(주문), FAX: 334-3119
홈페이지 http://navpress.co.kr
출판등록: 제10-111호(1973년 3월 12일)
ISBN 978-89-375-0333-7 04230